GÜLDANE ALTEKRÜGER

BESTSELLER
AUS VERSEHEN

VOM KIEZKIND ZUR ERFOLGSAUTORIN

GESCHRIEBEN MIT **KATHARINA WOLF**

1. Auflage 2021

© **Güldane Altekrüger, DplusA Verlag, Ludwigstr. 10, 20357 Hamburg**

Covergestaltung:
Eva Jaeger-Nilius nach einem Entwurf von Güldane Altekrüger

Coverfoto:
Andreas Laible

Gestaltung und Satz:
Eva Jaeger-Nilius, www.jaegerschnipsel.de

Bildnachweis:
Privatarchiv

Rezeptfotos:
Danailama

Quellen für die Nährwerte:
www.fettrechner.de
www.ernaehrung.de

Ermittlung der Broteinheiten (BE):
Keine BE für Zuckerersatzstoffe und Gemüse
Quelle: www.diabetesde.org

Die Angaben der Nährwerte und Broteinheiten sind ohne Gewähr.
Lass Dich bei Bedarf von Fachleuten (Ärzten, Diätassistenten) beraten.

Druck und Bindung:
Buch- und Offsetdruckerei Häuser KG in Köln

ISBN 978-3-9821017-5-0

www.dplusa-verlag.de

www.woelkchenbaeckerei.de

Für meine Kinder.

Gewidmet meinen Eltern.

Inhalt

Vorweg

Da ist er. Direkt neben dem Cover. Der Button: B E S T S E L L E R!
Ich starre fassungslos auf den Bildschirm und lese die zehn Buch-
staben immer wieder: B e s t s e l l e r ...???

In der Nacht waren bereits 200 Bücher bestellt worden. Und fast
im Minutentakt werden es mehr.
Die Kinder sind in der Kita und ich sitze wie so oft in den ver-
gangenen Wochen total übermüdet in unserem Wohnzimmer mit
einer Tasse kaltem Kaffee vor dem Computer.

An einem Montag, dem 12. November, kurz vor 12 Uhr, beginnt meine Geschichte. Jetzt im Nachhinein betrachtet, klingt sie völlig verrückt. Aber sie ist wahr.

Den Computer hatte mir die Arbeitsagentur zur Verfügung gestellt, für einen Weiterbildungskurs in »Online-Marketing«. Mitten im Raum, fast vor dem Fernseher, saß ich an einem notdürftig aus zwei Böcken aus dem Baumarkt gebauten Tisch. Die Internetverbindung für die Zoom-Kurse war oben im Arbeitszimmer einfach zu schwach. Doch dieser Rechner sollte auch noch für etwas anderes gut sein ...

In der Nacht war es mir gelungen, nach stundenlangen Recherchen, Telefonaten und Flüchen endlich ein Verkäuferkonto bei Amazon einzurichten und mein Angebot hochzuladen. Mein Buch »Abnehmen mit Brot & Kuchen« war jetzt offiziell zu bestellen. Dabei hatte ich die Rezepte ursprünglich nur für mich entwickelt, weil ich nach der Geburt meiner Kinder über 25 Kilo zugelegt hatte und mir bei jeder Diät genau das fehlte – herzhaftes Brot, knusprige Brötchen, Kuchen und Süßes.

Erst die Follower meiner »Wölkchenbäckerei« in den sozialen Netzwerken brachten mich auf die Idee, ein Buch aus meinen geposteten Rezepten zu machen. Nachdem ich diesen Floh ins Ohr gesetzt bekam, streifte ich durch meine Lieblingsbuchhandlung im Hamburger Stadtteil Ottensen. Ich stellte mir vor, wie mein Buch zwischen all den anderen Back- und Kochratgebern von Johann Lafer, Cynthia Barcomi oder den Klassikern von Dr. Oetker steht. An Geld habe ich dabei nicht gedacht. Aber da draußen gab es Leute, denen ich damit eine Freude machen wollte.

In gerade mal zehn Wochen hatte ich »Abnehmen mit Brot & Kuchen« fertiggestellt. Ich war nicht nur total übernächtigt, sondern auch ein bisschen stolz. Denn alles, selbst die Fotos und das Layout, hatte ich selbst gemacht. Wie ein Buch in eine Buchhandlung kommt, wie man es bundesweit bestellen kann – auch das fand ich heraus. Schließlich habe ich es dann sogar selbst verlegt – komplett ohne jeden Businessplan.

In einem leichten Anflug von Wahnsinn ließen wir 1000 Exemplare drucken. 5000 Euro, unser ganzes Erspartes, investierten wir in dieses Projekt. In 84 nummerierten Kartons im Format 21,5 x 21,5 x 11 cm stapelte sich unser Notgroschen in gedruckter Form im Keller, zwischen Blumentöpfen, Bügelbrett und Gummistiefeln. Unser Auto oder die Waschmaschine sollten jetzt besser nicht kaputtgehen. 256 Bücher mussten wir mindestens verkaufen, um unsere Ausgaben wieder reinzuholen, so meine naive Milchmädchenrechnung. Wird schon irgendwie klappen, dachte ich. Und falls nicht, dann konnte ich unseren Kindern und Enkeln später zumindest mal mein eigenes Buch im Regal zeigen – wenn nicht sogar eine Menge davon vererben. Die Bücher werden ja nicht schlecht.

Aber innerhalb von zweieinhalb Tagen sind die gesamten 1000 Bücher aus unserem Keller weggekauft worden, nach zwei Wochen weitere 5000. Dabei hatte ich mir noch gar keine Gedanken gemacht, wie ich ein einzelnes Buch überhaupt verschicken sollte, geschweige denn solche Mengen ...

Selbst Amazon war so ein raketenartiger Erfolg nicht geheuer: Mein Verkäuferkonto wurde nach vier Tagen kurzerhand gesperrt, weil mich der Amazon-Algorithmus für eine Betrügerin hielt.

Quasi aus Versehen hatte ich einen Bestseller gelandet. Und in dem folgenden Jahr noch einen. Dann noch einen und noch einen. Mittlerweile habe ich in den letzten drei Jahren mehr als 400 000 Bücher verkauft und meinen eigenen kleinen Verlag gegründet.

An dieser Stelle könnte ich jetzt anfangen zu erzählen, wie ich die Wölkchenbäckerei erfand und völlig überraschend zur Bestsellerautorin wurde. Aber Katharina Wolf, die als Journalistin in den letzten Jahren immer wieder über mich und meinen Erfolg berichtet hat und mit der ich dieses Buch zusammen geschrieben habe, meinte schon nach einem unserer ersten Gespräche: »Dana, dein ganzes Leben ist so unglaublich. Der Schlüssel zu deinem Erfolg liegt sicher auch in deiner Kindheit und Jugend. Das musst du unbedingt aufschreiben!«

»Bestseller aus Versehen« erzählt also von meiner Kindheit auf St. Pauli und den vier Schuljahren ohne meine Eltern in der Türkei genauso wie von meiner Zerrissenheit zwischen den Kulturen, der Rebellion gegen eine arrangierte Ehe, meiner Flucht von zu Hause und dem Kampf gegen Depressionen nach dem furchtbaren Tod meiner Schwester Emine. Das alles sind die Zutaten, die mich zu dem Menschen gemacht haben, der ich heute bin.

Mittlerweile bin ich nicht nur Autorin, Verlegerin und zweifache Mama, sondern habe auch gerade meinen Wölkchenbäckerei-Laden im Hamburger Schanzenviertel eröffnet. Die letzten Jahre kosteten zwar viel Kraft, aber ich fühle mich zum ersten Mal endlich angekommen (obwohl: So ein paar neue Ideen hätte ich ja schon wieder …).

Ich lade Dich ein, mich mit diesem Buch auf der Reise durch mein Leben zu begleiten. Es war nicht immer einfach, oft habe ich mutige Entscheidungen getroffen, ganz bewusst auch die Konsequenzen in Kauf genommen. Für meine Freiheit habe ich immer gekämpft.

Es sind viele schöne, bisweilen harte, aber auch skurrile

Erlebnisse und Erinnerungen zusammengekommen. Manche davon waren ziemlich tief vergraben und es fiel mir nicht immer leicht, sie hervorzuholen. Beim Erinnern flossen einige Tränen, meist vor Lachen, manchmal aber auch, weil der Blick zurück wehtat.

Außerdem findest Du in diesem Buch neben meinen neuesten Rezepten auch viele Tipps, wie Du selbst ein Buch veröffentlichst – schreib mir, wenn Dir meine Geschichte den Mut dazu gegeben hat!

Ich möchte da beginnen, wo ich aufgewachsen bin – mitten auf St. Pauli, dem berüchtigten Hamburger Stadtteil, der berühmt ist für seine sündige Meile, die Reeperbahn, mit ihren Bars, Clubs und Etablissements. Und zum anderen in Alaattin, einem kleinen Dorf in der Türkei, in dem die Wurzeln meiner Familie liegen ...

1.

Kindheit zwischen zwei Kulturen

Abschied mit Tränen

Das Auto ist einfach zu schnell, ich gebe es auf, hinterherzulaufen. Der blaue Ford Granada meiner Eltern verschwindet in einer Staubwolke. Noch eine Weile bleibe ich auf der Sandpiste stehen, bis vom Wagen nichts mehr am Horizont zu sehen ist. Jetzt sind sie weg, meine Eltern und meine jüngste Schwester Dönay. Meine Rufe können sie nicht mehr hören.

Ich merke, wie mir Tränen übers Gesicht laufen und drehe mich zu meinen Großeltern um. Ich sehe die kleine Pfütze mit dem Wasser, das meine Oma meinen Eltern mit einem Zinneimer hinterhergeschüttet hat. Nach einem türkischen Brauch steht das Fließen des Wassers für eine unbeschwerte, unfallfreie Fahrt: »Su gibi git, su gibi gel inşallah. Kazasız belasız yolun açık olsun.« (Fließe mit dem Wasser hin, komme wie das Wasser zurück. Dein Weg soll frei sein von Unfall und Unheil.)

Meine älteren Schwestern Emine und Gülhan drängen sich dicht an meine Großeltern, auch sie weinen. Sie nehmen mich wortlos an die Hand, wir gehen gemeinsam in das Haus, in dem wir nun leben werden. Gut 3000 Kilometer entfernt von unserem Zuhause auf St. Pauli in Hamburg, wo ich meine ersten acht Lebensjahre verbracht habe.

Der Gedanke, meine Eltern nun ein ganzes Jahr nicht mehr zu sehen, ist für mich unvorstellbar. Das ist kein Urlaub mehr, so wie sonst, wenn wir alle meine Verwandten im Sommer in der Türkei besuchten, das hier ist jetzt mein neues Leben. Bei meinen Großeltern Salih und Fatmana, meinem Urgroßvater Abdullah, meinen zwei Tanten Döne und Nuray und meinem Onkel Abdullah. In dem Zweizimmerhaus mit Stall, Maultier, Pferd, Kuh, Gänsen, Hühnern, Hund Toni und den Katzen Prenses und Boncuk. Ich vermisse jetzt schon unsere Wohnung in Hamburg, die Freunde aus der Klasse und habe Angst vor der neuen Schule.

Meinen eigenen Weg bin ich schon immer gegangen. Das fing mit meiner Geburt an – noch bevor es der Arzt in den Kreißsaal schaffte, war ich da: am 18. Mai 1975, einem Sonntag, als drittes Kind meiner Eltern Muzaffer und Ömer. Sie gaben mir den Namen Güldane, was auf Türkisch »eine Rose« bedeutet. Das Licht der Welt erblickte ich in einem Krankenhaus in Hamburg-St. Georg.

Sieben Jahre zuvor war mein Vater mit einem Reisebus aus der Türkei nach Deutschland gekommen, zwei Jahre später verließ auch meine Mutter unser Heimatdorf und folgte ihm nach Hamburg.

Bis zu meiner Einschulung sprach ich kaum Deutsch, denn in die Kita ging ich nicht. In der türkischen Gemeinde war es üblich, dass die Kinder zu Hause blieben, selbst wenn beide Elternteile arbeiteten. Meine Mama musste schon um 5 Uhr das Haus verlassen, und ging Papa gleichzeitig zur Morgenschicht, waren wir allein. Wenn wir aufwachten, stand immer schon etwas zu essen und zu trinken auf dem Couchtisch für uns bereit: Käsebrote, Apfelsaft und Obst.

Wir freuten uns, dass wir nach dem Aufstehen sofort den Fernseher anmachen konnten. Mama rief uns vormittags von der Arbeit aus an, um nach unserem Wohlbefinden zu fragen.

»Seid ihr schon angezogen? Güldane, hilf deiner Schwester. Und stellt das Geschirr ins Spülbecken. Im Kühlschrank ist noch Milch ...«

»Ja, Mama, wann kommst du? Weißt du, wo Dönays Socken sind?«

»Ich bin gleich zu Hause. Lasst die Finger vom Herd! Geht nicht an die Tür und auch nicht auf den Balkon. Seid brav, ich bringe euch auch was Süßes mit.«

»Oh ja, Hanuta oder Duplo!«

Die Nachbarn bekamen mit, dass wir oft allein waren und schoben uns manchmal Süßigkeiten durch den Briefschlitz unserer Wohnungstür.

Diese Zeit muss sehr schwierig für meine Eltern gewesen

sein. Heute ist es undenkbar, dass Vierjährige mit Säuglingen alleine zu Hause sind. Zum Glück ist bei uns immer alles gutgegangen.

Später, als meine Schwester Gülhan schon zur Schule ging, half uns »Tante Martha«, eine Nachbarin, die unter uns wohnte. Sie bekam einen Wohnungsschlüssel und nahm die kleine Dönay oft zu sich, und ich lief zwischen den Wohnungen hoch und runter. Tante Martha war einfach toll. Sie brachte uns etwas Deutsch bei und amüsierte sich vor allem darüber, wie Dönay mit einem rollenden R »Grün« sagte. Dönay wuchs ihr sehr ans Herz.

Als kleines Kind war ich sehr ängstlich und mir liefen schnell die Tränen, wenn ich in unangenehme Situationen geriet. Am Tag meiner Einschulung in der Jan-Valkenburg-Schule beim Großneumarkt sollten wir uns alle mit Namen vorstellen, und ich musste schrecklich weinen, fühlte mich so fremd. In meiner Klasse war nur ein einziges weiteres türkisches Kind, Mete.

Meine Klassenlehrerin Frau Mittmann war schon etwas älter und sehr liebevoll. Ich weiß noch genau, wie wir einmal Bilder an der Tafel erklären sollten. Als ich dran war, zeigte die Lehrerin auf einen Bagger.

»Güldane, mit welchem Buchstaben beginnt das Wort?« Aber ich kannte das deutsche Wort dafür nicht und begann wieder zu weinen. Wir guckten zwar zu Hause deutsches Fernsehen wie »Sesamstraße« (obwohl meine Schwester Dönay sich immer vor Samson fürchtete und ich Tiffy hasste), »Die Montagsmaler« oder »Löwenzahn«, aber mit meinen Eltern sprachen wir ausschließlich Türkisch.

Ich fürchtete mich auch vor den Obdachlosen am Großneumarkt, an denen ich jeden Tag vorbeiging. Wenn ich ohne meine Schwester zur Schule ging, nahmen mich manchmal andere Mütter an die Hand. Warum ich so eine Angst hatte, weiß ich selbst nicht so genau. Vielleicht, weil die Männer oft betrunken und so laut waren.

Meine Klassenkameradin Nicole wohnte in derselben Straße

wie ich, sie hatte eine riesengroße Barbie-Sammlung. So richtige Kindergeburtstage erlebte ich zum ersten Mal bei ihr. Eine Torte mit Kerzen, Luftballons, Gabentisch, Luftschlangen – das alles kannten meine Eltern einfach nicht. Ich kann mich noch gut an einen Geburtstag erinnern, zu dem ich dann auch Nicole und eine weitere Freundin einladen durfte. Es gab Chips und Schokolade, danach gingen wir zum Spielen raus. Keine Luftballons, keine Geschenke. So war das. Ich habe meine Freundinnen immer um ihre großen Partys beneidet. Aber dafür liebe ich Familienfeste heute umso mehr und zelebriere auch die Geburtstage unserer Kinder ganz besonders.

Mein Deutsch wurde durch die Schule schnell besser, und ich fand neue Freunde in der Klasse. Gerade als ich so richtig angekommen war und in die dritte Klasse kommen sollte, überlegten meine Eltern, in die Türkei zurückzugehen. Damals gab es das Angebot, dass Deutschland jedem Gastarbeiter, der in sein Heimatland zurückkehrt, 10 500 Mark zahlte, plus 1500 Mark pro Kind. Uns Kinder wollten sie schon mal vorausschicken, in ein Land, das wir bislang nur aus unseren Urlauben kannten.

»Güldane, wir fahren in die Türkei, und du wirst bei Großmutter Fatmana leben«, sagte meine Mama zu mir.

»Wie, da leben? Wie lange bleiben wir denn bei Oma? Und kommt Dönay auch mit?«

Ich war so geschockt und durcheinander, dass ich gar nicht richtig begriff, was Mama mir da gerade erzählte. In diesem Sommer würden meine Eltern zum ersten Mal ohne mich zurück nach Deutschland fahren, mich in der Türkei zurücklassen.

Zum Abschied schenkte mir Frau Mittmann einen Radiergummi in Stiefelform. Es erinnerte mich an die coolen Schnürstiefel der Frauen in Cowboyfilmen wie »Rio Bravo«, die damals im Fernsehen liefen, konnte mich aber nicht wirklich trösten.

Und so kam es, dass meine Eltern im Sommer 1983 mit meinen

Schwestern und mir in unserem dunkelblauen Ford Granada (die meisten Türken fuhren damals Ford) Richtung Alaattin aufbrachen. Die dreitägige Autofahrt war ein echtes Abenteuer: Im Kassettenradio lief türkische Musik und der ganze Fußraum vor der Rückbank war vollgestopft mit Geschenken an die Verwandten in der Türkei. Tage vorher schon hatte meine Mama angefangen, kiloweise Böreks zu backen, die jetzt gut eingewickelt neben Sucuk, einer türkischen Rohwurst-Spezialität, Gurken und Tomaten zu unseren Füßen lagen und uns als Proviant dienten.

Ein Hotel konnten wir uns damals nicht leisten. In der Nacht schlief Papa ein paar Stunden auf dem Rastplatz im Wagen, und wir Kinder bewachten das Auto. Tagsüber, während der Fahrt, waren wir dann mit Schlafen dran.

Wir kamen sicher und wohlbehalten in Alaattin an. Doch im Jahr zuvor geschah uns auf der Fahrt in die Türkei ein schlimmer Unfall: Unser damals gerade mal zwei Jahre alter, smaragdgrüner Ford Granada (Papa sagte immer: »Bloß keine Kratzer machen!«) war völlig überladen. Meine Mutter hatte als eine der ersten türkischen Frauen in Hamburg drei Monate vorher ihre Führerscheinprüfung bestanden. Auf der A 7 geriet der Kombi auf der linken Spur ins Schlingern. Papa schrie noch: »Was machst du denn da?«, und dann prallten wir auch schon gegen die Leitplanke. Das Auto kippte zur Seite und drehte sich aufs Dach. Ich weiß noch genau, dass ich mich mit beiden Händen am Autohimmel abstützte und meine Mama immer und immer wieder rief: »Meine Kinder, meine Kinder!«

Dann ging die Tür auf, und eine Frau mit blonden kurzen Haaren holte uns nach und nach vorsichtig aus dem umgekippten Wagen. Kurz darauf hörten wir über uns einen Hubschrauber und die Sirenen von Rettungswagen und Polizei. Zum Glück und wie durch ein Wunder blieben wir alle bis auf einige Kratzer unverletzt. Sogar meine geliebten Puppen, die überall auf der Straße verstreut lagen, konnte ich retten. Mama saß auf dem Grünstreifen neben der Autobahn und schrie immer noch »Meine Kinder, meine Kinder«, bis mein Vater ihr eine Ohrfeige verpasste, um sie aus ihrem Schockzustand zu holen.

Sechs Wochen hatten wir gemeinsam in Alaattin verbracht. Nun war der Tag, vor dem ich am meisten Angst hatte, gekommen. Mama und Papa stiegen ins Auto. Ohne mich. Ohne Gülhan und Emine. Dieses Bild, wie sie dann nach einem Abschied voller Tränen wegfuhren – das ist bis heute ganz tief in meinem Herzen eingebrannt. Ich fühlte mich so leer, so furchtbar allein.

◦◦◦ ◦◦◦

Ich sitze zwischen meinen Großeltern vorne in der Fahrerkabine. Der LKW ist vollgeladen mit Paprika und Tomaten. Wir rumpeln durch die Wolkendecke die Serpentinen hinunter. Ich mag gar nicht runtergucken, die Straße ist so schmal und der Abgrund so tief.
Eine senffarbene Bluse, hinten lang, vorne kurz. Sportschuhe. Eine Haarbürste. Nivea-Creme. Schokolade. Immer wieder gehe ich in Gedanken die Bestellungen meiner Schwestern durch, damit ich auch ja nichts vergesse. Drei Monate habe ich die Stimme meiner Mama jetzt schon nicht mehr gehört. Ich kann es kaum abwarten, endlich wieder mit ihr zu sprechen. Weil ich die Jüngste bin, darf ich mit meinen Großeltern zum Telefonieren in die Stadt fahren. Dafür versprach ich, die Wünsche meiner Schwestern an Mama weiterzugeben.
Nach zwei Stunden Fahrt kommen wir endlich in Denizli an. Mein Großonkel Nadir muss weiter zum Markt, und wir steigen vor dem kleinen Supermarkt aus. Wir gehen durch den Laden zur Verkaufstheke, und ich sehe schon das Telefon, das hinter der großen Kasse steht. Wir sind zu früh. Aber wann genau der Anruf von meinen Eltern aus Hamburg kommt, ist nie ganz klar. Die Wartezeit bis zum ersehnten Klingeln verbringen wir vor der Tür mit einem Simit, einem Sesamkringel.

Dann endlich. Es klingelt! Erst darf meine Oma sprechen, dann endlich bin ich an der Reihe. Meine Mama! Mama spricht!

»Anne!« Mein Herz rast. Ich bin so glücklich. So oft versuchte ich abends im Bett mich an ihre Stimme zu erinnern. Da ist sie jetzt, in echt.

»Güldane, wie geht es dir?« ist ihre erste Frage.

»Gut.« Sage ich ganz knapp.

»Was machen deine Schwestern?«

»Ihnen geht es auch gut.«

»Was macht die Schule?«

»Alles gut, Anne. Wann kommt ihr?«

»Das dauert noch etwas. Wir haben erst in sechs Monaten Urlaub.«

Ich spüre einen Knoten im Hals.

»Okay, Anne.«

»Seid brav bis dahin, tamam?!«

»Ja, Anne.«

Obwohl der Klang so vertraut ist und ich mich so auf sie gefreut habe, antworte ich ihr wie einer Fremden. Höflich und distanziert. Durch die Entfernung ist sie für mich unnahbar geworden. Aber die Sehnsucht nach ihr ist immer noch so groß. Zum Schluss fragt sie mich, was ich mir wünsche, wenn wir uns in sechs Monaten wiedersehen. Die Antwort habe ich sofort parat. Filzstifte. Und eine Puppe, die zum Schlafen ihre Augen schließen kann. Natürlich vergesse ich nicht die Bestellungen meiner Schwestern. So sehr ich mich auch auf die Telefongespräche mit Mama freue – danach vermisse ich meine Eltern jedes Mal noch mehr.

Meine Großeltern hatten in ihrem Haus keinen eigenen Telefonanschluss. Niemand im Dorf besaß einen! Deswegen fuhren wir zum Telefonieren in die 67 Kilometer entfernte Provinzstadt Denizli, das bedeutete immer eine Tagesreise.

Volle vier Jahre blieb ich ohne meine Eltern in der Türkei – und der Anfang war wirklich hart. An meinem ersten Schultag fühlte ich mich zwischen all den türkischen Kindern wie ein Fremdkörper. Der Unterricht gestaltete sich so ganz anders, als ich es aus Deutschland kannte. Vierzig Schüler saßen in meiner Klasse, jeweils zu dritt auf einer Bank, und ich trug wie alle eine Schuluniform – ein schwarzes knielanges Kleid mit langen Ärmeln und zwei aufgenähten Taschen vorne, mit einem Gürtel und einem abnehmbaren weißen Kragen. Und jetzt erlebte ich genau dasselbe wie in Hamburg, nur andersherum: Mein Türkisch war schlecht, und als die Lehrerin mich fragte, an welchem Kapitel wir gerade arbeiteten, verstand ich sie gar nicht. Ich wusste nicht, was sie von mir wollte, denn das türkische Wort »Ünite« (Lektion) kannte ich nicht.

Die Lehrer waren viel strenger als in Deutschland. Wenn sie den Klassenraum betraten, mussten wir aufstehen. Als ich einmal etwas sagte, obwohl ich nicht dran war, bekam ich zehn schmerzhafte Schläge auf die Handflächen. So doll, dass sie richtig anschwollen. An der Schule gab es einen älteren, ganz besonders fiesen Lehrer. Er zog ein Mädchen aus meiner Klasse einmal so heftig an den Haaren und schlug ihren Kopf gegen die Tafel, dass sie Nasenbluten bekam. Und das nur, weil sie eine Rechenaufgabe nicht lösen konnte! Zum Glück sind diese Methoden auch in der Türkei heute nicht mehr üblich.

Ich täuschte morgens oft Bauchschmerzen vor, weil ich mich vor der Schule fürchtete. Irgendwann sagte Großmutter Fatmana dann zu mir, Olivenöl sei gut gegen Bauchschmerzen, und ich musste ein g a n z e s Glas trinken. Von da an hatte ich nie wieder Bauchschmerzen.

Aber mit der Zeit gewöhnte ich mich an mein neues Leben und knüpfte viele Freundschaften. Nach den ersten harten Wochen fühlte ich mich angenommen und galt ein bisschen als die Exotin der Klasse, denn ich war die einzige, die aus Deutschland kam. Eine Rolle, die mir gefiel. Was allerdings etwas nervte, war die ständige Aufforderung meiner Mitschüler, irgendwas auf Deutsch zu sagen.

»Wie heißt Ayşe auf Deutsch?«

»Ayşe natürlich!«

Eines Tages, als ich in der Pause mit meinen Freundinnen auf dem Schulhof spielte, hörte ich meine Cousine Huriye laut übers Schultor rufen: »Güldaaane! Es ist ein Junge! Du hast einen Bruder bekommen!«

Wie schön das war! Meine Eltern hatten sich schon immer einen Jungen gewünscht – nach Emine, Gülhan, mir und meiner kleinen Schwester Dönay war er nun endlich da. Und meine Cousine scheute nicht den langen Weg von zu Hause, um es mir als erste zu erzählen. Alle freuten sich über diese Nachricht. Oma Fatmana bereitete zur Feier des Tages Lokma (frittierte Teigbällchen) zu, um sie mit der freudigen Nachricht an die Nachbarn zu verteilen. Ümit sollte der Junge heißen, »die Hoffnung«.

Meine Großeltern waren wahnsinnig fleißige Leute und arbeiteten hart. Morgens machte sich Oma schon bei Sonnenaufgang mit meinen Tanten und einigen Hilfsarbeitern auf den Weg zur Tabakernte, nachmittags ging sie mit ihrem Maulesel auf den Berg, um Tannenzapfen und Holz zu sammeln. Oft kam sie erst bei Sonnenuntergang wieder nach Hause. Mein Opa Salih, der Bürgermeister des Dorfes, zog sich immer schick an und wirkte auf mich sowieso wie der Präsident des Landes. Er hatte eine in sich ruhende und allwissende Ausstrahlung. Er war einfach Zucker und versuchte alles, um mir immer wieder eine kleine Freude zu bereiten. Ein ganz besonderes Geschenk machte er mir mal mit »Pamuk«. Das ist das türkische Wort für Baumwolle und war der Name eines kleinen süßen Lämmchens. Leider wurde Pamuk nicht sehr alt; es erkrankte und wurde zu meinem Entsetzen eines Tages geschlachtet. Abends saßen alle um das große runde Tablett auf dem Boden und verspeisten Pamuk genussvoll. Meinen Pamuk, der die Nächte bei uns im Zimmer unter dem großen Korbgeflecht schlief. Immer wieder riefen sie mich zu »Tisch«.

»Niemals! Wie könnt ihr nur ...?!«

Neben dem Maulesel und einem Pferd lebten bei uns noch eine Kuh, Katzen, ein Hund und jede Menge Hühner. Die Gänse, die meine Großeltern zwischenzeitlich hielten, waren sehr aggressiv. Wir hüteten uns immer vor ihnen, wenn wir durch sie hindurch zum Plumpsklo gingen.

Die meiste Zeit verbrachten wir draußen mit den Kindern des Dorfes, tobten über die Felder, spielten Ball, ließen Drachen steigen und hielten zusammen. Gute, ehrliche Freundschaften bildeten sich. Meine besten Freundinnen waren Döne und Necibe. Auch meine Cousine Huriye, die wir alle Hörü nannten, gehörte zu unserem »Mädels-Quartett«. Deutschland war für mich ganz weit weg – auch wenn die Sehnsucht nach meinen Eltern immer noch jeden Tag schmerzte.

———— • • ————

In den Sommerferien besuchten meine Eltern uns, und kurz bevor ich in die siebte Klasse kommen sollte, eröffneten sie meinen Geschwistern und mir, dass sie uns mit nach Deutschland nehmen würden. Mein Vater sah einfach keine berufliche Perspektive in der Türkei, und so verwarfen meine Eltern ihren Plan, auf Dauer in ihr Heimatland zurückzukehren.

»Wir schaffen es nicht. Sieh dir Hasan an. Schon seit drei Jahren ist er wieder da, und schau dir das Elend an. Die Kinder müssen mit aufs Feld. Sie kennen das ja aus Deutschland gar nicht. Nein, nein, dafür komme ich nicht zurück.«

Ich freute mich tierisch: endlich wieder nach Hamburg zu meinen Eltern. Mich von meinen vielen Freundinnen, mit denen ich in Alaattin eine wunderbare Zeit verbringen durfte, zu verabschieden, fiel mir nach den vier Jahren allerdings verdammt schwer. Wir nahmen ein rundes Holzstück, schrieben »Wir sind nie getrennt« auf Türkisch darauf und sägten es in vier Teile. Jeder bekam eins, als Symbol für unsere Zusammengehörigkeit. Und ich füllte ein Stück Erde aus dem Garten meiner Großeltern in ein Marmeladenglas, das mich in Hamburg immer an Alaattin erinnern sollte.

2.

Kichererbsen, Tabakfelder und die Hoffnung auf ein besseres Leben in Deutschland

Die Geschichte meiner Eltern

Ich höre den Schlüssel im Schloss, Papa ist da! Vollgepackt mit Tüten, er war mal wieder einkaufen.
»Güldane, komm mal her und hilf mir!«
»Papa, wer soll das denn alles essen? Wir haben doch so viel!«
»Rede nicht, sondern pack mit aus! Essen kann nie genug da sein. Es gab Zeiten, wo ich mich über jedes Ei gefreut hätte. Ist doch schön, dass wir jetzt so viel haben«, sagt Papa und packt einen 30er-Karton Eier auf den Küchentisch. Dazu holt er aus seinen Einkaufstüten noch Graubrot, Toast, Gouda, drei Kilo Tomaten, zwei Salatgurken, frische Peperoni, fünf Zitronen, zwei Bund Petersilie, eine Dose Schafskäse in Salzlake und drei Netze Mandarinen.
»Ja, ich weiß doch Papa. Vielen Dank, hast ja recht.«

Um mich und meine Familie besser verstehen zu können, erzähle ich ein bisschen über die Geschichte meiner Eltern: wo sie herkommen, wie sie aufwuchsen und über ihren Weg aus ihrem Heimatdorf nach Hamburg.

Die Wurzeln unserer Familie liegen in Alaattin, einem kleinen Dorf etwa 180 Kilometer nordwestlich von Antalya mit etwas über 2000 Einwohnern. Hier, auf ca. 1000 Metern Höhe, umgeben von Bergen, spielt sich das Leben um einen niedlichen Dorfplatz (Çarşı) ab. Es gibt einige kleine Läden für den alltäglichen Bedarf, einen Friseur, einen Schneider, sogar eine Traktor-Werkstatt und einen Schmied. In den Cafés treffen sich die Herren zum Rommé-Spiel (auf Türkisch »Okey«).

In meiner Kindheit hatten viele Familien kleine Getreidemühlen und Kichererbsen-Röstereien. Ich liebte den nussig-aromatischen Geruch der gerösteten Kichererbsen, der durch die staubigen Straßen unseres Dorfes zog. Egal wer zu Besuch oder zum Tee kam – eine Schale mit diesen knusprigen Hülsenfrüchten stand immer für unsere Gäste auf dem Tisch. Kichererbsen gibt es in vielen Variationen – knusprig, pur, mit Zucker überzogen –, ich mochte die salzige Variante am liebsten. Wer geröstete Kichererbsen nicht kennt, sollte sie unbedingt einmal probieren. Es gibt sie beim Türken nebenan und sie nennen sich »Leblebi«. In der Türkei sind sie noch immer ein heiß geliebter Snack. Und jetzt, wo wir alle wissen, wie protein- und ballaststoffreich Kichererbsen sind, finden sie auch in der deutschen Küche mehr und mehr Einzug.

Doch zurück nach Alaattin: Die Haupteinnahmequelle der Dorfbewohner war der Tabak. Fast jede Familie bewirtschaftete ein Feld, und alle klagten über die schwere körperliche Arbeit. Jeden Herbst kamen die »Experten«, wie die Händler genannt wurden, begutachteten die Ernte und legten die Preise fest. Ausgezahlt wurde nur einmal im Jahr, die finanziellen Mittel mussten deswegen sehr gut und mit Weitsicht eingeteilt werden.

Wir Kinder tobten über die Tabakfelder wie über einen großen Spielplatz. Schon die Fahrt auf dem Trecker vor Sonnenaufgang genossen wir als erstes Abenteuer des Tages. Noch heute habe ich den teerigen Geruch der Blätter in der Nase und erinnere mich gut an die klebrigen, rauen Hände, die wir alle von der Ernte bekamen. Aufgespießt auf lange Fäden wurden die Blätter zum Trocknen in die Sonne gelegt. Anschließend kamen sie in einen Schuppen, bis sie angefeuchtet zu Ballen gepresst von den Tabakhändlern abgeholt wurden.

Natürlich haben die meisten Männer des Dorfes geraucht. Das wollte ich auch, obwohl es Frauen verboten war. Dennoch probierte ich es mit neun Jahren heimlich und drehte mir aus den trockenen Blättern im Schuppen eine »Zigarette«. Ich hatte den zerbröselten Tabak gerade in ein Blatt Zeitungspapier eingerollt und wollte es mit meinen stibitzten Streichhölzern anzünden, als meine Schwester Emine dieses gewagte Experiment und vielleicht ein Unglück in letzter Sekunde noch verhinderte.

Heute gibt es kaum noch Tabakfelder in Alaattin, die Menschen sind zu Obst- und Gemüseanbau und Viehzucht übergegangen. Rauchende Frauen sieht man übrigens immer noch nicht auf den Straßen des Dorfes.

———•·•·———

Die Eltern meines Vaters wuchsen in sehr ärmlichen Verhältnissen auf. Meine Oma Halime lernte meinen Opa Ali schon mit 15 Jahren kennen und sie verliebten sich ineinander. Doch die Familie meines Großvaters akzeptierte diese innige Liebe nicht, weil sie eine andere Frau für ihn vorgesehen hatte. Und so wurden meine Großeltern regelrecht verstoßen und lebten im Stall neben dem Wohnhaus der Familie meines Opas.

Dort, in diesem Stall, kam auch mein Vater zwischen Ochsen und Schafen zur Welt. Das mag für einige Menschen romantisch klingen, aber es war hart und gefährlich. Papa rettete einmal seinem Bruder Isa das Leben, als ein Ochse sich auf ihn legen wollte und er den Kleinen noch schnell beiseiteschob.

Neue Kleidung? Dafür war kein Geld da. Mein Vater und seine acht Geschwister trugen lange Leinenhemden. Erst mit acht Jahren bekam Papa sein erstes Paar Schuhe – aus alten Autoreifen, ganz einfach gefertigt. Doch für ihn waren sie ein wahrer Schatz, auf den er fast immer gut Acht gab. Eines Tages spielte er mit seiner Mutter am Bach neben dem Wassermelonenfeld. Weil seine geliebten Schuhe nicht nass werden sollten, legte er sie unter einen Olivenbaum. Am Abend zu Hause merkte er dann plötzlich, dass er sie vergessen hatte. Noch vor Sonnenuntergang lief er den ganzen Weg zurück, aber fand sie nicht wieder. Auf ein neues Paar musste er dann lange warten.

Mein Vater besuchte die Dorfschule nur bis zur fünften Klasse, auch weil die weiterführende Schule zu weit entfernt lag. Deswegen endete für die meisten Kinder die Schulzeit bereits mit zwölf Jahren. Nebenbei arbeitete er als Hirte und hütete die Schafe unserer Sippschaft. Manchmal schlief er sogar bei den Schafen in den Bergen. Angst machte ihm das nicht, denn er kannte alle guten Verstecke und die Tricks, mit denen man Wölfe fernhält.

Inzwischen besaßen Papas Eltern ein Haus und bewirtschafteten ihre eigenen Tabakfelder. Als Nebenerwerb betrieben sie eine kleine Rösterei, in der sie Kichererbsen verarbeiteten, die Papa und seine Geschwister im Dorf verkauften.

Meine Eltern wuchsen in der gleichen Straße auf. Schon als meine Mutter ein kleines Mädchen war, schenkte ihr mein Vater die Reste der Kichererbsen, die er nicht verkaufen konnte.

Meine Anne (türkisch für Mama) wuchs bei ihren Eltern Salih und Fatmana auf, die wir liebevoll »Ebe« nannten. Der Name bedeutet auf Türkisch »Hebamme«, aber in unserer Region wurden auch die Großmütter so genannt, vielleicht weil sie früher immer bei den Hausgeburten halfen.

Wann Ebe geboren wurde und wie alt sie eigentlich ist, wissen wir nicht. Mit den Geburtsdaten ist das in Alaattin nämlich so eine Sache: Da das Standesamt im nächsten Ort lag und sich der Weg dorthin kostspielig und zeitraubend gestaltete, wurden viele Hausgeburten »gesammelt« und erst verspätet gemeldet. Dadurch haben einige Geschwister offiziell am gleichen Tag Geburtstag, weil der Papa nach der Geburt des zweiten Kindes das erste gleich mit beim Standesamt anmeldete. Bis in die 60er-Jahre wurden viele Geburtstage auf den 1. Januar des Geburtsjahres datiert, weil die Eltern sich an den genauen Tag nicht erinnern konnten. Nach dem Kalender lebte damals niemand. Der Geburtstag meiner Mutter ist übrigens offiziell der 1. Januar.

Meine Oma Fatmana war und ist bis heute ein Arbeitstier. Ich kenne kaum einen Menschen, der so rastlos ist wie sie. Sie kümmerte sich um den Haushalt, die Kinder, die Feldarbeit und die Tiere. Nicht, dass ihr Mann Salih sie dazu drängte – im Gegenteil, er wollte, dass sie ein ruhiges Leben führte, ohne Holzhacken oder Besenbinden. Aber nicht mit Ebe, die darüber hinaus sogar den Nachbarn die Zähne zog. Sie hat wirklich »Ameisen im Hintern«, wie man auf Türkisch statt der deutschen »Hummeln« sagt.

Ihr Mann Salih, Mamas Vater, war ein sehr belesener Mensch, bei dem Bildung, Weitsicht und Diplomatie immer einen hohen Stellenwert einnahmen. Als Bürgermeister des Dorfes genoss er hohes Ansehen. Aber Salih litt lange an Tuberkulose und war in diesen entbehrungsreichen Jahren außerstande zu arbeiten und Geld zu verdienen.

Mama zeichnete als älteste von sechs Geschwistern ihr ruhiges und zurückhaltendes Wesen aus. Viel Zeit, um auf der Straße zu spielen, hatte sie als Kind nicht. Stattdessen musste sie auf den Baumwollfeldern der umliegenden Dörfer arbeiten, um ihren Teil zur Existenz der Familie beizutragen.

Wenn die Pflücksaison vorbei war, half sie ihren Großeltern bei der Tabakernte, die sie dafür mit Essen und Kleidung entlohnten. Vor allem während der Erkrankung ihres Vaters war die Familie auf diese Almosen angewiesen.

Aber nicht alle Bewohner im Haus ihrer Großeltern freuten sich über Mamas Unterstützung während der Erntezeit. Die Beschuldigung ihrer Tante, sie sei eine Schmarotzerin, traf meine stets aufopferungsvoll arbeitende Mutter jedes Mal hart. Sie konnte nichts dagegen sagen, und diese Kränkung sitzt bis heute noch tief in ihr.

Meine Mutter wünschte sich immer, Krankenschwester zu werden. Allerdings besaß ihre Familie nicht die Mittel, ihr die Ausbildung zu ermöglichen. Aber sie war auch handwerklich begabt und sehr kreativ. Aus Stoffresten nähte Mama ihren Freundinnen und den Mädchen in der Straße BHs und Unterhosen – zum einen fehlte ihnen das Geld für solche »Luxuswäsche«, zum anderen war es ihnen peinlich, ihre Väter, die die Markteinkäufe erledigten, danach zu fragen. Das Nähen und den Schnitt brachte sich Mama selbst bei. Vielleicht wurde mir etwas von ihrer Kreativität mit in die Wiege gelegt.

Richtig aufgefallen ist meine Mutter meinem Vater erst, als sie etwa 15 Jahre alt war. Mein Vater verguckte sich in das junge Mädchen mit den exotischen grünen Augen und für türkische Verhältnisse relativ hellen Haaren. Als meine Eltern 1967 heirateten, war mein Papa 24 Jahre alt, meine Mama 16.

Für ihn begrub sie endgültig ihren Traum, einmal als Krankenschwester zu arbeiten. Er sollte ihr Zukünftiger sein. Er, von dem viele ihrer Freundinnen gesagt hatten, er sei ein Aufreißer. Doch auch wenn er wirklich attraktiv und charmant war, so richtig verliebt war Mama nicht. Sie akzeptierte einfach die Entscheidung ihres Vaters. Zum Glück entwickelte sich aus der ursprünglichen Vernunftehe mit der Zeit dann doch noch die große Liebe.

Nach einer ausgiebigen, drei Tage währenden traditionellen Feier bezog das frisch vermählte Brautpaar ein Zimmer im Lehmhaus von Papas Eltern. Und so rückte die Großfamilie eng zusammen, denn nicht weniger als 18 Menschen teilten sich nun die vier Zimmer: meine Großeltern, die acht Geschwister meines Vaters, zwei davon mit Ehepartnern und Kindern, und nun noch meine Eltern!

Noch heute erzählt Mama im Familienkreis, wie sie damals zusammen mit den anderen Frauen die große bunte Decke auf dem Boden ausbreitete und das Essen anrichtete. Sobald alle Platz genommen hatten, waren die ersten Schüsseln auch schon leer gelöffelt. Die hungrige Bande aß so schnell, dass meine zurückhaltende Mutter manchmal keinen Bissen bei den Mahlzeiten abbekam.

———— · • · ————

Die Situation für meine Eltern war schwierig, denn sie verfügten über kein eigenes Einkommen und waren finanziell von meinem Opa Ali abhängig. Alles, was sie verdienten, mussten sie an ihn abgeben. Doch mein Vater wollte unabhängig sein und seiner Familie mehr bieten.

Über einen Bekannten hörte er von einer Firma, die türkische Arbeitssuchende – den Begriff Gastarbeiter gab es zu der Zeit noch nicht – per Bus nach Deutschland brachte. Doch die Fahrkarte kostete eine Menge Geld. Und so entschieden sie sich, das Wertvollste, was sie besaßen, zu verkaufen: die Goldkette mit den sechs Münzen, die meine Mutter zur Hochzeit geschenkt bekommen hatte! Sie wurde geopfert für eine Fahrkarte nach Deutschland – und die Hoffnung auf ein besseres Leben.

1968 stieg mein Vater mit drei Kumpeln in den Bus »Fosfor Turizm« Richtung Deutschland. Mit wenig Geld und ohne Visum, nur mit der Adresse eines Bekannten in der Tasche, der schon vorher unser Dorf verließ und jetzt in Stuttgart lebte. Meine Mutter blieb zurück in Alaattin; sie sollte meinem Vater erst nachreisen, wenn er Arbeit und eine Wohnung gefunden hatte.

In München endete die Busreise nach zwei Tagen, und mein Vater und seine Freunde wussten zunächst nicht, wohin. Sie entschieden sich, zu einem türkischen Bekannten nach Köln zu fahren, wo sie weitere junge Männer aus Alaattin trafen. Dort erfuhren sie, dass es in Wien Arbeit gäbe. Also quetschten sie sich zu acht in den VW Käfer eines Bekannten und machten sich auf den Weg in die österreichische Hauptstadt. Über- und aufeinander sitzend lernten sie sich gleich alle gut kennen:

»Osman, zieh deine Schuhe wieder an, das hält ja niemand aus!«

»Ahmet, rutsch mal noch ein bisschen nach vorne.«

»Autsch!«

»Ömer, bist du von der Luft in Deutschland so dick geworden? Mach dich mal nicht so breit.«

Sie hielten fast jede Stunde an und wechselten die Plätze. Die Leute auf den Rastplätzen staunten nicht schlecht, wenn sie die fluchenden oder witzelnden jungen Männer beim Aussteigen zählten.

»Sag mal, Ömer, meinst du, wir können heute alle bei deinem Bekannten übernachten?«

»Zwei, drei Nächte geht das bestimmt, aber dann müssen wir schauen!«

»Ich möchte nicht wieder auf der Straße übernachten. Das ist doch kein Leben!«

»Dann gönn dir doch ein Hotel! In Wien soll es große Paläste geben!«

»Du Witzbold. Ich kann mir nicht mal 'ne neue Hose leisten. Hat eigentlich jemand Nadel und Faden, damit ich wenigstens den Riss zunähen kann? Mit der kaputten Hose finde ich doch niemals Arbeit.«

»Ich habe auch keine Ahnung, warum ich mich darauf eingelassen habe. Meine Frau bekommt bald unser Baby, und ich irre hier von Stadt zu Stadt. Und wie die Leute uns ansehen, als wären wir Außerirdische.«

»Dann fahr doch wieder nach Hause!«

»Ach, du weißt ganz genau, dass das nicht geht. Alle in der Familie haben für meine Fahrkarte zusammengelegt. Was soll ich denen denn sagen? ›Entschuldigt bitte, dass ich in drei Wochen euer ganzes Geld ausgegeben habe, aber das Wetter in Deutschland ist wirklich Mist.‹ Ich kann mich da nur blicken lassen, wenn ich genug Geld gespart habe, dass meine Familie davon ein halbes Jahr leben kann!«

»Ich habe mir vorgenommen, erst wieder ins Dorf zu kommen, wenn ich ein Auto habe. Stellt euch mal vor, ich fahre hupend über den Marktplatz von Alaattin – die werden alle Augen machen!«

»Stimmt, und vielleicht bekommst du dann auch endlich eine Frau ab!«

»Haltet doch mal die Klappe, ich muss schlafen!«
Allgemeines Gelächter.

In Wien stellte sich schnell heraus: Arbeit oder Bleibe gab es auch hier nicht für sie. Die Gruppe teilte sich wieder. Mein Papa und seine Freunde blieben, die anderen zogen weiter in Richtung Schweiz. In Wien schliefen sie auf Parkbänken und liefen weg, sobald sie eine Uniform sahen. Am schlimmsten allerdings war das Einkaufen. Was hieß nur »Ekmek« (Brot) auf Deutsch? Heute noch muss Papa lachen, wenn er davon erzählt, wie sein Kumpel seine Arme auf und nieder schlug und immerzu »Gack Gack Gack« sagte, um Eier zu kaufen:

»Hör auf damit, was sollen denn die Leute von uns denken!?«
Nach einigen Tagen hörten sie, dass es Arbeit im österreichischen Bregenz am Bodensee gab. Doch am Bahnhof in

Wien verabschiedete sich ein weiterer Weggefährte:

»Lieber esse ich mein Trockenbrot und Tomate, als mich hier so klein zu machen. Ich vermisse meine Frau und Kinder, ich fahre wieder zurück. Scheiß auf die Deutsche Mark!«

»Komm wir ziehen es durch. Es wird bestimmt besser. In Bregenz gibt es ganz bestimmt Arbeit und Bett.«

Aber es half kein Diskutieren, ihr Kumpel fuhr zurück nach Alaattin und mein Vater mit zwei seiner Freunde nach Bregenz. In der Nacht kamen sie bei meterhohem Schnee am Bodensee an. Es war eine kleine Stadt mit Holzhäusern, ähnlich wie in Alaattin, nur viel schöner. Das konnte man sogar im Dunkeln gut erkennen. Am Bahnhof half ihnen ein Taxifahrer mit der Adresse.

In Bregenz fand mein Papa seine erste Arbeit in Europa in einer Ziegelei. Zu sechst wohnten sie in einem Bauwagen, aber ihr Ziel blieb weiterhin Deutschland. Nach vier Monaten bot sich Papa eine besser bezahlte, aber viel schwerere Arbeit in Dornbirn, also wieder in Österreich. Dort reinigte er Schornsteine – von innen.

Dann endlich kam eine Einladung aus Stuttgart. Papas Bekannter hatte in seiner Firma, einer Metallfabrik, für ihn geworben und alles weitere geregelt. Papa verabschiedete sich von seinen Freunden und fuhr mit dem bisher verdienten Geld wieder nach Deutschland.

In Stuttgart blieb er nur wenige Monate, als ihm Durmuş, der Onkel meiner Mutter, der inzwischen mit seiner Familie in Hamburg lebte, ein Zimmer in seiner Wohnung versprach. Und so reiste Papa Richtung Norden, immer weiter weg von seiner Heimat und seiner Frau.

Die Wohnung meines Großonkels Durmuş lag in der Marktstraße im Hamburger Karoviertel. Wer das hippe Quartier von heute vor Augen hat, kann sich kaum vorstellen, in welchen Löchern die ärmsten Menschen der reichen Hansestadt damals dicht gedrängt lebten.

Von seinen vier Zimmern vermietete Durmuş immer zwei, eines davon richtete sich nun mein Papa ein. Er wusste es zu diesem Zeitpunkt noch nicht, aber er war in der Stadt angekommen, in der seine Kinder die meiste Zeit ihres Lebens verbringen würden.

In Hamburg fand Papa schnell eine Stelle in einer Farbenfabrik. Dort reinigte er – ohne Maske oder Mundschutz – die riesigen Tanks, die nach Ethanol und Benzin stanken. Auch meinem Vater war damals schon bewusst: Das kann nicht gut für die Gesundheit sein. Deswegen wechselte er in eine Kartonfabrik, bevor er eine Anstellung bei der Post bekam.

———·•·———

Über ein Jahr nach seiner Abreise aus der Türkei besuchte mein Vater sein Heimatdorf Alaattin. Dort nahm er zum ersten Mal seine Tochter Emine, meine Schwester, in den Arm. Sein erstes Kind war geboren, er war Vater geworden!

Nach einigen intensiven Wochen zu Hause sprach er wieder von der Rückreise nach Deutschland.

»Ich will wieder nach Hamburg, Muzaffer, da baue ich uns was auf.«

»Du nimmst uns mit! Ich bleibe nicht ohne dich hier! Es ist so schwer. Weißt du, wie schlimm es hier ist ohne dich?! Alle wissen sie es besser, sie bestimmen über mich und Emine. Mein Platz ist an deiner Seite, nimm uns mit! Egal was es kostet!«

»Ich verdiene noch nicht genug. Ich hole euch nach, versprochen.«

»Kein Wort mehr! Wir kommen mit. Ich kann auch arbeiten, dann haben wir genug. Bitte, lass uns nie wieder getrennt sein.«

So zogen nun auch meine Mutter und Emine 1970 in das Zimmer der Mietwohnung meines Großonkels im Karoviertel.

Meine Eltern hatten bei ihrer Ankunft weder Geld für eigene Möbel noch für Geschirr oder Decken. Aber sie waren glücklich, zusammen und in Deutschland zu sein. Und schon nach wenigen Monaten bezogen sie ihre erste eigene Wohnung in einem Keller in der Paulinenstraße, ungefähr 800 Meter entfernt von der Reeperbahn. Sie vermieteten zwei der vier Zimmer, die sie zur Verfügung hatten, an Landsleute. So half man sich gegenseitig. Zu dieser Zeit lebten fast alle Hamburger Türken auf St. Pauli, in Wilhelmsburg oder Altona, denn dort gab es die billigsten Wohnungen. Dort war »unser Kiez« und in anderen, »besseren« Stadtteilen wie Blankenese oder rund um die Alster hatten wir auch kaum die Chance, einen Mietvertrag zu bekommen.

Meine Mutter erzählt noch heute, wie es am ersten Abend in ihrer neuen Wohnung klingelte und mein Großonkel Durmuş vor der Tür stand – mit zwei Kissen und einer Decke unter dem Arm, die er meinen Eltern überreichte. Die restlichen Möbel sammelten sie vom Sperrmüll zusammen.

Schon bald stieg mein Papa bei der Post zum Vorarbeiter auf. Seine Kollegen, mit denen er die Waggons mit Paketen belud, sagten immer: »Ömer, mach mal langsamer, sonst fallen wir auf!«

Aber er war glücklich über diese Chance und seine Festanstellung, auch wenn 600 Mark als Gehalt selbst damals schon recht wenig waren. Insgesamt arbeitete er zwanzig Jahre bei der Post – bis er 1991 aufgrund eines Bandscheibenvorfalls in Frührente gehen musste.

Meine Mutter arbeitete als Reinigungskraft, zunächst in einem Krankenhaus, später wechselte auch sie zur Post, putzte die Filiale am Stephansplatz. Sie war sogar noch länger als mein Papa bei der Post angestellt, ging erst vier Jahre nach ihm in Rente.

Wenn ich heute über die frühen Lebensjahre meiner Eltern nachdenke, habe ich richtig Mitleid. Aber ich bin auch verdammt stolz auf sie, wie sie es geschafft haben, aus diesen armen Verhältnissen herauszukommen.

3.
Kiez, Krawalle und Koranschule

»Hey, Erikaaaa!« – Keine Antwort.

»Erikaaaa, Halloooooo!«

Aber Erika ignoriert uns. Wir stehen auf der anderen Straßenseite und winken, machen Hampelmänner.

»Haaaaalloooooo!«

Es ist später Nachmittag an irgendeinem Dienstag im Jahre 1988. Hier, auf der abgewandten Seite von Reeperbahn und Großer Freiheit präsentiert Erika wie üblich ihre gigantischen blanken Brüste, die sie über dem Supermarkt in dem tristen 60er-Jahre-Bau auf der Fensterbank abgelegt hat. Wie immer ist ihr blondes kurzes Haar top frisiert, ihre Lippen sind feuerrot geschminkt. Erikas wachsamer Blick gleitet über die Schmuckstraße. Ahnungslosen Passanten fallen die an dieser Straßenecke einzeln herumstehenden, teils gaffenden, teils verstohlen umherlauernden Männer wahrscheinlich nicht auf, aber Erika taxiert jeden von ihnen und entscheidet dann, ob sie einen zu sich ins Haus lockt – oder sich Zeit für einen Schnack mit den Türkenkindern aus der Nachbarschaft nimmt.

Erika gehört zu unseren Highlights auf dem Weg von der Koranschule nach Hause.

»Tschüüüüsss Erika, bis morgen!«

Nach vier langen Jahren bei meinen Großeltern in der Türkei ging es für mich im Sommer 1987 zurück nach Hamburg. Meine Eltern und wir fünf Geschwister lebten auf St. Pauli in der Talstraße 67, Haus 6, 1. Stock in einer 36-Quadratmeter-Wohnung mit zweieinhalb Zimmern.

Unsere Küche lag im Flur, direkt hinter der Eingangstür. Darin stand eine kleine Aufstelldusche, und wir mussten immer aufpassen, die Küche nicht unter Wasser zu setzen, so winzig war die Duschwanne. Aber immerhin hatten wir eine – mehrere Nachbarn badeten noch in Zinnwannen.

Wir heizten unser Wohnzimmer mit einem Kohleofen, der in der Ecke stand. Warmes Wasser lieferte ein Boiler, der über der Spüle hing. Die Dusche hatte einen eigenen Kessel, der allerdings zwanzig Minuten brauchte, um das Wasser zu erwärmen.

Meine drei Schwestern und ich belegten das etwa neun Quadratmeter große Zimmer und schliefen quer auf einem schmalen Ausklappsofa. Als jüngste lag Dönay auf der Türseite, war also für den Lichtschalter zuständig und musste sich mit den Tischbeinen der rustikalen Essecke arrangieren. An kalten Wintertagen kuschelten wir uns enger aneinander, bei allzu frostigen Temperaturen unterstützte uns eine tragbare Elektroheizung.

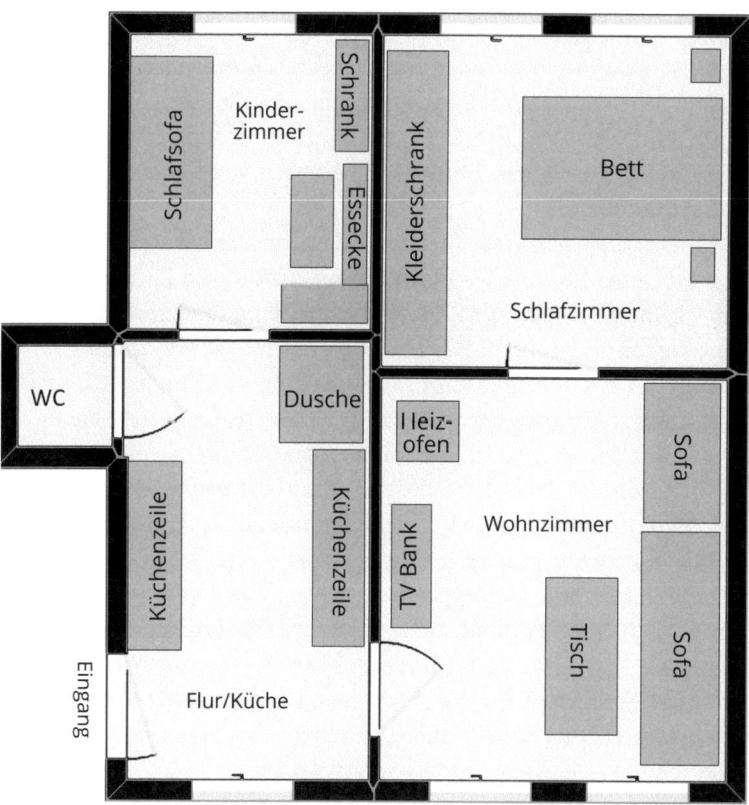

Von der Talstraße ging es eine kleine Böschung hinab zu unseren einfachen Terrassenhäusern, die ursprünglich für die Hafenarbeiter im Hinterhof repräsentativer Gründerzeitbauten errichtet wurden. Zwei Häuserblöcke standen sich gegenüber und fassten kleine Gärten ein, in denen einige Familien Gemüse und Zwiebeln anbauten und Kräuter zogen.

Im Winter waren die Bäume der Talstraße kahl, und die grauen, abblätternden Fassaden sahen noch trister aus. Der Qualm der Öfen waberte durch die Luft, und der Geruch der umliegenden Fischräuchereien kitzelte in der Nase. Umso schöner war es, wenn im Frühjahr die Natur und das Leben aufblühten; die Anlage wirkte dann lebhaft, fröhlich und grün.

Unser Quartier war ein kleines Dörfchen für sich: Viele türkische Familien und einige meiner nach Deutschland eingewanderten Onkel und Tanten hatten hier ihr Zuhause gefunden, Punks und grummelige Junggesellen freuten sich über den mit 90 Mark auch für damalige Verhältnisse günstigen Wohnraum und ein paar ältere Mieter fühlten sich trotz der neuen Nachbarn in ihrem Block wohl. Unsere Straße war extrem bunt und lebendig.

Mitten auf dem berüchtigten Kiez, im vielleicht übelsten Viertel Deutschlands, zwischen Prostitution und Drogenhandel, offener Drogen- und Alkoholszene, Obdachlosen und gescheiterten Existenzen fühlten wir uns frei, sicher und unbeschwert und spielten immer bis zum Sonnenuntergang. Doch so mancher Fremde, der sich in »unsere« Straße verirrt hatte, zeigte mit dem Finger auf uns. Ich erinnere mich an eine Frau, die öfter unsere Nachbarn besuchte und die sagte: »Wenn ich hier in der Straße bin, fängt es gleich überall an zu jucken!«

Wir halfen einander. Zum Beispiel Frau Geismann, die alleine lebte und nicht mehr gut zu Fuß war, warf uns Kindern immer etwas Geld in einem kleinen Leder-Portemonnaie – so eins mit Clipverschluss – herunter und bat uns, Lebensmittel für sie zu holen. Da sie immer ein paar Groschen für uns übrig hatte, machten wir das gerne. Hier herrschte ein echtes Gemeinschaftsgefühl.

Im Alter von zwölf Jahren sollte ich nun in die siebte Klasse der Schule Friedrichstraße auf St. Pauli eingegliedert werden. In der Türkei war ich eine sehr gute Schülerin gewesen. Zum Ende eines jeden Schuljahres erhielt ich zusätzlich zum Zeugnis eine schicke Urkunde als Auszeichnung für hervorragende Leistungen. Mit diesen Lorbeeren in der Hand dachten meine Eltern und ich, dass ich in Deutschland zumindest in die Realschule kommen würde.

Bei der Anmeldung in Hamburg wurden wir eines Besseren belehrt.

»Sie ist neu aus der Türkei, ihr Deutsch muss besser werden. Wir melden sie zur Hauptschule an, da sind viele Ausländer und sie wird sich da wohlfühlen.«

»Aber Herr Lehrer, sie ist gut in der Schule. Deutsch vielleicht nicht, aber Mathematik und andere.«

»Tut mir leid.«

Ich schämte mich. Ich schämte mich vor meinem Vater, ich schämte mich, anderen zu sagen, dass ich die Hauptschule besuchen sollte. Ich war doch immer so stolz, dass ich gut in der Schule war.

Die Hauptschule in der Friedrichstraße lag zwischen der Reeperbahn und der St.-Pauli-Hafenstraße, deren besetzte Häuser regelmäßig Schauplatz von Krawallen und Polizeieinsätzen waren. Weitere Kontraste zu meiner türkischen Dorfschule mit Uniformzwang und strenger Erziehung: bunte Gestalten, schräge Klamotten, Zigaretten, Cola, Modepüppchen, Halbstarke. Und ich? Trug zum ersten Schultag eine weiße Bluse mit einem breiten Kragen und Spitzenrand. Dazu eine von meiner Mutter genähte, weite braune Stoffhose, natürlich alles schön ordentlich gebügelt.

Es wirkte alles sehr neu und aufregend für mich. Allerdings machte sich in der ersten Mathestunde nach der Vorstellungsrunde bei mir Ernüchterung breit, als unser Lehrer die Rechenaufgabe »3 mal 7« stellte.

Das musste eine Scherzfrage sein. Als sich niemand meldete, hob ich meine Hand. Ich kam dran, stand wie gewohnt auf und antwortete: »21, Herr Lehrer.« Auf einmal lachte die ganze Klasse. Und ich setzte mich irritiert wieder hin.

»Du musst hier beim Antworten nicht aufstehen, Güldane«, erklärte mir der Lehrer.

Mit der Zeit fand ich wieder Gefallen am deutschen Schulwesen. Auch wenn ich mich unterfordert fühlte, genoss ich die Rituale – wie ein leckeres Schokokussbrötchen in der Pause oder den heimlichen Gang mit meinen Freundinnen zum Kiosk um die Ecke, um dort Süßigkeiten zu kaufen. Immerhin durfte ich in Mathematik die Parallelklasse der benachbarten Realschule besuchen. Für mich waren das neben Kunst die schönsten Schulstunden der Woche.

Ein besonderes Erlebnis waren die Hafenstraßen-Krawalle des Jahres 1987. Der seit Jahren andauernde Konflikt zwischen der Stadt Hamburg und den Bewohnern der besetzten Gründerzeithäuser direkt am Elbufer erreichte seinen Höhepunkt zu dieser Zeit. Der Hamburger Senat war fest entschlossen, die Häuser räumen zu lassen. Und die Bewohner waren fest entschlossen, das zu verhindern – und verschanzten sich.

An einem Tag im November liefen mir einige Schulkameraden entgegen und riefen aufgeregt:

»Schulfrei! Unsere Tische brennen!«

»Was ist los?«

Blaulicht flackerte durch den Qualm brennender Mülltonnen. Polizeisirenen heulten in den Straßen, unverständliche Megafondurchsagen der Polizei wechselten sich ab mit dem Gebrüll der Hausbesetzer und ihrer Verbündeten.

Hier war richtig Alarm! Und im Klassenzimmer angekommen, stellten wir fest, dass alle Tische und Stühle verschwunden waren!

Die Bewohner der Hafenstraßenhäuser hatten tatsächlich unsere Schulmöbel als Barrikade am westlichen Ende der umkämpften Bernhard-Nocht-Straße aufgetürmt, direkt am Rande unseres Schulhofes. Das fanden wir klasse! Sofort eilten wir Schüler an den Zaun und schrien Parolen gegen die Polizei. Schließlich mussten wir doch mithelfen, die Wohnungen einiger unserer Mitschüler zu verteidigen!

Auf der Straße lieferten sich die Demonstranten einen Kampf mit der Polizei, bei jedem geworfenen Molotowcocktail jubelten wir. Wir wussten zwar nur in groben Zügen, worum es bei den Straßenkämpfen ging, aber uns trieb dabei die Hoffnung, dass alle Tische und Stühle brennen und wir mindestens eine Woche schulfrei haben würden. Die Rufe der Lehrer, die uns vom Zaun wegholen wollten, ignorierten wir.

Doch schon am nächsten Tag war wieder normaler Unterricht.

———•·———

Aber brennende Barrikaden prägten dann doch nicht unseren Alltag. Der spielte sich nach der Schule nördlich der Reeperbahn ab. Zweimal in der Woche besuchten meine jüngere Schwester Dönay, einige Mädchen aus der Straße und ich die Moschee um die Ecke, immer mit Koran unterm Arm und ins Kopftuch gehüllt. Mein Vater wollte gar nicht, dass wir es trugen, denn auch wenn meine Eltern sehr gläubig waren, sollten wir Kinder sehr angepasst sein. Dennoch war die Koranschule dienstags und donnerstags auch für uns Pflicht. Dort lasen wir in der Mädchengruppe fleißig den Koran, und ich konnte irgendwann ganze Suren auswendig. Einige davon beherrsche ich noch heute.

Sobald wir die Moschee verließen, nahmen wir die bunten Kopftücher schnell wieder ab – denn unser Weg führte uns direkt zur Heilsarmee! Diese evangelische Missionskirche lag in unserer Straße zwischen den Peepshows, Pornokinos und Sexshops. Eines der Mädels hatte gehört, dass es dort nachmittags eine Spielstunde gab. Also gingen wir da heimlich nach der Moschee hin, um zu basteln, zu toben, zu spielen. Und es gab immer etwas zu essen. Hatten wir eben noch im Koran gelesen, sagten wir dort zu den Mahlzeiten wie selbstverständlich christliche Tischgebete auf.

Eine tolle Einrichtung war auch die DAB, die »Deutsch-Ausländische Begegnungsstätte«. Sie war genau gegenüber unserer Terrassenhäuser auf der anderen Straßenseite. Eine

Art Haus der Jugend für Kinder mit Migrationshintergrund. Malen, kickern, kochen, backen, Ausflüge machen – alles für umme. Für jeden. Herrlich! Auch meinen ersten Kinobesuch verdanke ich der DAB: »Pünktchen und Anton«.

Wenn wir dann mit dem Sonnenuntergang über den Kiez nach Hause gingen, öffneten die ersten Prostituierten ihre Fenster und stellten ihre blanken Brüste zur Schau.

»Schaut nicht zu den nackten Frauen am Fenster!«, hatte Papa uns immer eingebläut. Von wegen! Erika, Renate, Uschi – wir kannten sie alle mit Namen!

Ich genoss die Unbeschwertheit mit den anderen Kindern so sehr. Doch bald musste ich eine neue Rolle in der Familie annehmen.

Meine zweitälteste Schwester Gülhan besuchte mit mir erst wenige Wochen die Hauptschule, als sie einen Brief aus der Türkei erhielt: Es war die Zusage für einen Ausbildungsplatz zur Hebamme auf einem Internat, knapp 700 Kilometer von unserem Heimatdorf Alaattin entfernt. Meine Eltern wollten sie zunächst nicht gehen lassen, aber meiner Schwester schien es erfolgversprechender, eine vernünftige Ausbildung in der Türkei zu absolvieren, als in Deutschland weiter die Hauptschule zu besuchen. Und so setzte sie sich durch. Für mich war es schon wieder ein Abschied, und der tat besonders weh.

Meine älteste Schwester Emine war zu der Zeit 18 Jahre alt. Wegen ihrer Volljährigkeit war ihre Aufenthaltsgenehmigung für Deutschland nach den vier Jahren in der Türkei verfallen. Sie konnte sich auch nicht für einen Studienplatz bewerben, weil ihr türkisches Abitur in Deutschland nicht anerkannt wurde. Um bleiben zu können, blieb ihr nichts anderes übrig, als zu heiraten – entweder einen Deutschen oder einen Türken mit gültiger Aufenthaltsgenehmigung.

So heiratete sie einen Türken, der auch aus Alaattin stammte und schon viele Jahre in Hamburg lebte. Sie zog in seine Wohnung – und prompt war ich das älteste Kind zu Hause. Ich musste also mehr Verantwortung für mich und meine jüngeren Geschwister übernehmen und noch selbstständiger werden.

Die Zuwendung und Aufmerksamkeit, die ich manchmal bei meinen Eltern vermisste – was ich ihnen niemals vorgeworfen habe, denn beide arbeiteten lang und hart und kannten es einfach nicht anders –, versuchte ich Dönay und Ümit zu geben. Ich brachte sie oft ins Bett, las ihnen vor und half bei den Hausaufgaben.

Die folgenden Erlebnisse habe ich früher eigentlich für ganz normal gehalten. Doch in den letzten Jahren wurde ich gelegentlich nach meiner Kindheit befragt und stellte fest, dass meine Gesprächspartner bei diesen Geschichten stets mit dem Kopf schüttelten.

Zum Beispiel ging ich im Alter von zwölf Jahren allein zum Augenarzt. Mit dem Rezept in der Tasche lief ich anschließend zum Optiker, um mir meine erste Brille auszusuchen. An die kann ich mich heute noch genau erinnern: braunes Kunststoffgestell mit riesigen runden Gläsern. Heute wäre sie wieder modern ...

Auch den Kieferorthopäden besuchte ich ohne Wissen meiner Eltern. Eine Klammer zu haben war damals angesagt, und deswegen wollte ich auch unbedingt eine. Also vereinbarte ich einen Termin bei dem Arzt, bei dem auch meine Cousine ihre Spange erhielt. Nach der Sprechstunde hatte sich der Wunsch aber schnell erledigt, denn das klang alles doch unangenehmer, als ich dachte. Den nächsten Termin zum Abdruck nehmen schwänzte ich daher. Heute denke ich manchmal: Wäre ich bloß hingegangen – dann wären meine Zähne heute sicher gerader.

Mit 15 Jahren machte ich mich auf zu meinem eigenen Elternabend! Für mich war das völlig normal, denn meine Eltern sprachen einfach nicht so gut Deutsch; aber die anderen Erwachsenen schauten schon ziemlich überrascht, als ich zwischen ihnen im Klassenzimmer wie selbstverständlich Platz nahm.

Mittlerweile war ich so sicher in der deutschen Sprache, dass ich nicht nur meine Eltern, sondern auch Angehörige meiner ganzen Sippschaft bei Behördengängen begleitete und dolmetschte. Beglaubigungen, Ummeldungen, Aufenthaltstitel, Sozialversicherungsnummern – ich war immer dabei und unterstützte, wo ich gebraucht wurde. Am unangenehmsten empfand ich die Besuche bei der Ausländerbehörde, denn dort kam ich mir – ganz anders als sonst in meinem Alltag – jedes Mal vor wie ein Mensch zweiter Klasse.

»Dönay, halt mal die Ecke hier fest.«
Ich reiche ihr das andere Ende der karierten Wolldecke und wir breiten unseren kleinen Flohmarktstand an der Talstraße, etwa 250 Meter von der Reeperbahn entfernt, aus. Wie so oft. Wir legen unsere aussortierten Kuscheltiere, alte Klamotten, Gläser und Teller auf den Boden. Mal sehen, was wir heute davon loswerden.
Auf einmal kommt hastig ein junger Typ auf uns zu. Er hebt eine Ecke unserer Decke hoch und legt blitzschnell etwas darunter.
»Ich komme gleich wieder. Wenn die Polizei fragt – ihr habt mich nicht gesehen!«
Und schon ist er wieder weg.
Dönay und ich sind erschrocken. Aus lauter Angst trauen wir uns nicht, uns zu bewegen und schon gar nicht, unter die Decke zu schauen.
Und dann ist er auch schon wieder da. Greift unter die Decke, nimmt das kleine Tütchen. Er lächelt uns zu und drückt uns ein Fünfmarkstück in die Hände!
Dönay und ich gucken uns erleichtert an: »Ach, der war aber nett.«
5 Mark! So viel hatten wir zuletzt verdient, als uns der Eismann fünf Kuscheltiere auf einmal abgekauft hatte.

Abgesehen von diesem Erlebnis hatte ich auf dem Kiez eigentlich nie Angst. Im Gegenteil. Ich fühlte mich wie geborgen in

dieser coolen, quirligen, bunten Welt mit ihren vielen Gesichtern. Regelmäßig lief ich an den Kneipen, Bars und Clubs rund um die Reeperbahn vorbei, kannte viele Türsteher mit Namen. So wie die Jungs des legendären Live-Sex-Schuppens »Safari«. Wenn ich wieder mal zu spät auf dem Heimweg durch die Große Freiheit hetzte, riefen sie mir häufig mit einem Lächeln hinterher: »Jetzt aber ab nach Hause mit dir!«
Wer sollte mir denn hier schon was tun?

4.
Eine arrangierte Ehe und Flucht von zu Hause

Liebe Familie,

ich weiß nicht, wie ich diesen Brief anfangen soll.
Oft habe ich ihn angefangen und wieder zerknüllt.
Mama, Papa, ich kann ihn nicht heiraten. Bitte verlangt das
nicht von mir. Ich möchte noch die Schule abschließen
und studieren. Ich bin noch nicht so weit.
Ich gehe, aber mein Herz bleibt hier.
Ich liebe euch! Ich liebe euch so sehr!

Eure Tochter, Güldane

Wäre es nach meiner Lehrerin auf der Hauptschule gegangen, wäre ich Friseurin geworden. Wegen meiner »Kreativität«. Mein Papa wollte, dass ich eine Ausbildung bei der Post oder der Bank mache. Hauptsache, etwas Solides! Aber ich verließ mich – wie auch später noch so oft in meinem Leben – auf mein Bauchgefühl. Ich wollte unbedingt weiter zur Schule gehen, mir war klar, mit Abitur hätte ich später einfach viel mehr Möglichkeiten. Ich suchte mir eine Schule aus, die möglichst weit von unserem Zuhause entfernt lag – wahrscheinlich hing das damals schon mit meinem Drang nach Unabhängigkeit zusammen. Okay, mein damaliger Schwarm Henning besuchte auch die Erich-Kästner-Gesamtschule in Farmsen, vielleicht spielte das zumindest eine kleine Rolle. Die Schule war einfach toll, total multikulti und mit vielen Lehrern aus den 68ern. Allerdings musste ich erst mal eine echte Hürde überwinden, denn für die Anmeldeformulare brauchte ich die Unterschrift meines Vaters. Aber der wollte ja, dass ich mich für einen Ausbildungsplatz bewerbe. Also unterschrieb ich die Anmeldung für die Schule selbst. Kurz vor Schulstart erzählte ich Papa, dass ich überall nur Absagen bekommen hätte und flunkerte, dass für mich noch die Schulpflicht gelten würde, ich daher weiter eine Schule besuchen müsste.

Dass ich damals seine Unterschrift fälschte, hat mein Vater bis heute nicht gewusst. Entschuldige bitte, Papa. Ich hoffe, Du kannst mir das nachträglich verzeihen!

Es klappte tatsächlich, und so verließ ich jeden Morgen um 6.30 Uhr unsere Wohnung – mittlerweile in Ottensen – und fuhr eineinhalb Stunden von dort mit Bus und Bahn zur Schule.

Die neue Schule mochte ich wirklich gerne – und genoss auch die selbst erteilten »Freistunden« mit Milchkaffee im benachbarten Einkaufszentrum mit meiner Freundin Tine.

Bis zu meinem 17. Lebensjahr war meine Welt in Ordnung, ich fühlte mich auf der neuen Schule voll akzeptiert. Nebenbei jobbte ich in einem Getränkemarkt. Den Kollegen dort habe ich übrigens meinen Spitznamen zu verdanken.

»Wie heißt du ...? Juliane?«

»Nein, G-ü-l-d-a-n-e.«

»Wie noch mal?«

»Ach, nenn mich Dane.«

»Ah, Dana!«

»Okay, dann eben Dana.«

Und ich hatte zum ersten Mal einen Freund: Nils. Meine Eltern durften von ihm nichts wissen, denn so sehr mein Vater auch immer darauf Wert legte, dass wir uns den deutschen Gewohnheiten anpassten – ein deutscher Freund? Das war ein absolutes No-Go und ein Grund, von der Familie verstoßen zu werden, das wusste ich. Von meinen Treffen mit Nils durften meine Eltern nichts erfahren, sie hatten für mich andere Pläne. Am liebsten hätten sie mich an der Seite vom Sohn der Cousine meiner Mutter gesehen. Unsere Eltern waren von der Vorstellung überzeugt, dass eine Ehe zwischen uns die perfekte Verbindung wäre. Ich kannte ihn seit meiner Kindheit. Ein hübscher Kerl mit Schalk im Nacken. Ich mochte ihn. Aber heiraten? Das kam für mich nicht in Frage. Nils wurde aber auch nicht mein Lebenspartner. Die wenigen Möglichkeiten zum Treffen mit mir und das Versteckspiel verleiteten ihn dazu, gleichzeitig eine andere Freundin zu haben, wie ich herausfand. Eine Beziehung mit mir zu führen war eben nicht einfach, die Heimlichtuerei nicht jedermanns Sache.

Je näher mein 18. Geburtstag rückte, desto mehr Angst bekam ich. Das Thema Heirat wurde bei uns zu Hause immer präsenter. Meine Eltern taten alles, um mir die Vorzüge dieser geplanten Ehe schmackhaft zu machen und bearbeiteten mich fast sechs Monate lang. Sogar ein Auto versprach mein Vater mir, wenn ich nur »Ja« sagte. Ein Auto gegen meine Freiheit? Niemals!

Es waren schwere Monate. Noch heute fällt es mir nicht leicht, darüber zu sprechen. Das ist ein Abschnitt meines Lebens, an den ich mich nicht gerne zurückerinnere. Ich war mir nicht mal sicher, ob ich darüber hier erzählen sollte. Das Argument, dass ich damit vielleicht anderen Frauen in ähnlichen Situationen Mut machen könnte, hat mich dann aber doch überzeugt.

Ich wollte meine Eltern nicht enttäuschen, aber auch meine Freiheit nicht verlieren. Irgendwann hatte ich keine Kraft mehr, gegen diese arrangierte Ehe zu argumentieren. Und so gab ich mich geschlagen und willigte ein.

Als die Eltern meines zukünftigen Ehemanns zu uns in die Wohnung kamen, um mit meinen Eltern alle Einzelheiten der Verlobungsfeier zu besprechen, stieg blanke Panik in mir auf. Ich fühlte mich wie ausgeliefert. Als ob ich immer tiefer in eine Falle rutschen würde, aus der es kein Entkommen gab. Meine beiden älteren Schwestern waren inzwischen ausgezogen, Emine war verheiratet und lebte mit ihrer Familie ihr eigenes Leben, Gülhan machte ihre Ausbildung in der Türkei, Dönay und Ümit waren noch zu klein, um meine Sorgen nachvollziehen zu können. An wen sollte ich mich bloß wenden? Viele meiner gleichaltrigen Cousinen, die mit mir auf St. Pauli aufwuchsen, konnten mich nicht verstehen. Für sie war ganz klar: Nach der Ausbildung wird der Mann geheiratet, den die Eltern bestimmt hatten. Oft saß ich verzweifelt in meinem Zimmer auf dem Bett und fragte mich: Warum konnte ich bloß nicht sein wie sie? Dann wäre mein Leben so viel einfacher.

Es ist große Pause. Frau Haas führt mich in einen Raum neben dem Schulbüro.
»Was hast du auf dem Herzen, Güldane?«
Ich habe einen Kloß im Hals, suche nach den richtigen Worten.
»Ich muss heiraten, und ich will nicht«, sage ich zitternd und merke, dass meine Worte sie kurz schockieren.
»Wann soll es denn so weit sein? Und wen sollst du heiraten?«, fragt sie mich.
Dann breche ich in Tränen aus und erzähle ihr alles.
»Ich möchte aus diesem Albtraum raus«, sage ich zum Schluss. Und gleichzeitig erkläre ich ihr, dass ich aber auf keinen Fall meine Familie verlieren will. Weil ich weiß, dass sie mich lieben und eigentlich aus ihrer Sicht nur das Beste für mich wollen.

Der Vorschlag meiner Lehrerin, mein Zuhause zu verlassen, machte die Situation für mich noch unerträglicher. Doch sie hatte recht. Ich musste ein Zeichen setzen. Und allein schaffte ich es nicht.

Frau Haas suchte mir ein Zimmer in einem Heim für junge Erwachsene. Ich bin ihr heute noch unglaublich dankbar, dass sie sich so für mich eingesetzt hat. Einen Tag, bevor ich die Wohnung meiner Eltern verließ, gab sie mir aus ihrem Portemonnaie noch 100 Mark.

Zwei Jeans, zwei T-Shirts, Unterwäsche, einen Pullover, Fotos meiner Familie, meine Kuschelmaus – ich packte die nötigsten Sachen in meinen Schulrucksack, so einen alten grünen von der Bundeswehr, und verließ früh am Morgen unsere Wohnung. Ich fühlte mich entsetzlich. Wie eine Verräterin. Als ob ich meine Familie im Stich lassen würde. War ich zu egoistisch? Würde ich meine Eltern jemals wiedersehen? Meine Geschwister? Ich fühlte mich furchtbar schuldig, aber ich konnte nicht anders. Bevor ich die Tür schloss, sog ich noch einmal den vertrauten Geruch unserer Wohnung ein.

Während der Fahrt mit Bus und Bahn liefen mir immer wieder Tränen übers Gesicht. Eine Stunde später stand ich dann vor dem Heim.

»Hier, das ist dein Zimmer. Komm erst mal an.«
Ich betrete den spartanisch eingerichteten Raum mit einem Holzschreibtisch, Bett und Kleiderschrank. Draußen regnet es, und ich fühle mich einfach nur elend. Für meine Freiheit habe ich meine Familie verlassen. War es das wirklich wert?
»Du darfst deine Eltern nicht anrufen, am besten, du nimmst gar keinen Kontakt zu deiner Familie auf und verlässt das Haus nicht.«
»Aber meine Eltern würden mir niemals etwas antun!«
»Das sagen viele. Aber du musst vorsichtig sein!«

Sie kannten meine Eltern doch gar nicht! Wie konnten die Betreuer denken, dass sie mir gegenüber gewalttätig werden könnten? Ein Tyrann war mein Vater ganz sicher nicht. Innerlich ergriff ich Partei für meine Eltern und dachte: Hier bleibe ich bestimmt nicht lange. Im Nachhinein weiß ich natürlich, dass die Heimmitarbeiter gute Gründe hatten, so vorsichtig zu sein, denn nicht jedes Mädchen hat das Glück, solche Eltern wie ich zu haben.

Zwei Nächte blieb ich in dem Heim, ich fühlte mich absolut

verloren und entwurzelt, weinte fast die ganze Zeit. Was, wenn ich wirklich nie wieder zu Mama und Papa zurück könnte? Meine Geschwister nie wiedersehen würde?

Schon am nächsten Tag besuchten meine verzweifelten Eltern meine beste Freundin Antje. Sie fragten nach mir und gaben ihr einen Brief für mich. Völlig vermummt machte sich Antje am späten Abend mit dem Fahrrad auf den Weg zu mir, immer in der Angst, es würde ihr jemand folgen und sie so mein Versteck verraten. Im Heim angekommen, überreichte sie mir die Zeilen meiner Mutter:

Güldane, komm einfach zurück.
Egal was ist. Komm einfach zurück.
Deine Mama

Während ich diese Zeilen las, liefen mir die Tränen. Das war genau das Zeichen, auf das ich so sehr gehofft hatte. Ich packte meine Sachen wieder in den Rucksack und fuhr sofort am nächsten Morgen nach Hause. Wir umarmten uns weinend und spürten alle einfach nur große Liebe und Erleichterung.

Und dann passierte etwas mit meinem Vater, was mich noch heute zutiefst bewegt und stolz macht. Meine Flucht war für ihn ein Schlüsselerlebnis. Trotz seiner sehr traditionellen Prägung begriff er, dass seine Kinder einen anderen Weg, ihren eigenen Weg gehen müssen.

Jahre später sagte mein Vater einmal zu mir: »Güldane, ich bin glücklich, dass du ihn damals nicht geheiratet hast. Du warst klüger als wir.«

In dem Moment, als er diese Worte sprach, waren bei mir alle Schuldgefühle erloschen. Das schlechte Gewissen meiner Familie gegenüber belastete mich bis dahin so sehr. Was für eine Erleichterung!

Mein Vater war immer schon ein sehr weitsichtiger Mensch und verstand: Wenn er seine Kinder nicht verlieren wollte, musste er ihnen und ihren Entscheidungen vertrauen. Er begriff, dass die Kinder, die hier aufwachsen, andere Bedürfnisse und Wünsche haben als seine Generation. Dieser Mut meines Vaters, sich für Neues zu öffnen, imponiert mir noch heute. Und auch seine Disziplin und sein Fleiß. Er hat niemals gejammert und immer hart gearbeitet. Er hat mir gezeigt: Das Schlimmste, was dir im Leben passieren kann, ist wieder von vorne anzufangen. Diesen Leitsatz gebe ich heute gerne weiter, wenn mich Freunde vor wichtigen Entscheidungen um Rat fragen.

Ich wiederum verstand, warum meine Eltern bestimmte Entscheidungen trafen. Und begriff, dass ich ihnen mein Leben, das sie nicht kannten, zeigen musste. Zeigen, dass deutsche Freundinnen und ihre Eltern genauso liebe Menschen sind. Dass sich die Kulturen zwar unterscheiden, aber dass menschliches Miteinander, Respekt und Liebe auch bei ihnen groß geschrieben werden. Dass das Kellnern in Restaurants nichts mit dem Rotlichtmilieu zu tun hat. Ich nahm meine Eltern mit in meine Welt, stellte ihnen die Eltern meiner damals besten Freundin Antje vor. Lud sie in den »Kartoffelkeller« ein, in dem ich arbeitete. Zeigte ihnen meine Schule, brachte Freundinnen mit zu uns nach Hause.

So verstanden sie, dass wir Kinder nicht mehr Teil der Parallelgesellschaft waren, in der sie lebten. Uns stand die türkische und die deutsche Welt offen, wir waren mit beiden Kulturen aufgewachsen. Auch wenn der Spagat zwischen diesen beiden Welten unser Leben nicht immer einfacher machte, begriffen wir es doch als Bereicherung, von zwei Kulturen geprägt zu werden. Heute sind wir Gastarbeiterkinder oder Deutsche mit Migrationshintergrund, wie man so schön sagt, mittendrin. Mit unserer Musik, in der Kulturszene, als Unternehmer in der Wirtschaft, im TV und auch in der Politik.

Meine kurze Flucht von zu Hause war eine der schwierigsten Entscheidungen, die ich bislang in meinem Leben treffen musste. Aber der Drang, unabhängig zu sein, hat mich immer schon gelenkt. Ich wollte mein eigenes Leben leben – aber meine Lieben dabei an meiner Seite haben.

Meine Mutter unternahm später zwar noch mal den

Versuch, mich umzustimmen und fragte, warum ich denn so gegen eine Heirat sei. Aber nach meiner Drohung »Mama, wenn du noch einmal damit anfängst, gehe ich!« war das Ehe-Thema zum Glück endgültig vom Tisch.

———— • • ————

Dönay, Danas jüngere Schwester:
»Wenn ich an unsere Kindheit denke, fällt mir gleich der Dachboden unserer Wohnung in der Talstraße ein. Wir begleiteten unsere Mama immer, wenn sie zum Wäsche aufhängen dort hochstieg. Während sie beschäftigt war, streckten wir unsere Finger durch das Gitter zur Kammer unserer Nachbarn aus. Denn dort stand ein wunderschönes Puppenhaus mit mehreren Stockwerken. Solches Spielzeug gab es bei uns zu Hause nicht, dafür hatten meine Eltern keinen Sinn. Dana und ich versuchten, durch den Draht mit den kleinen Puppen zu spielen und die winzigen Möbel zu berühren.
Und was machte Dana? Sie bastelte das Puppenhaus einfach für uns nach. Mit Kartons vom Supermarkt. Die klebte sie zusammen und schnitt mit der Bastelschere Fenster und Türen aus. Aus den Kartonresten faltete sie Tische und Stühle. Meine Mama hat immer viel genäht, und aus ihren alten Stoffresten machte Dana Teppiche und Gardinen, die sie an die Fenster des Hauses klebte. Da war sie so zwölf. Und schon damals unglaublich kreativ.
Wir hatten nicht viel Spielzeug, aber jede Menge Ideen und Fantasie. Und wir liebten es, wenn Sperrmüll war. Denn da fanden wir immer die tollsten Sachen. Zum Beispiel alte Barbie-Puppen. Oder Teppiche und die alte Trommel einer Waschmaschine. Die wurde dann die ›Heizung‹ eines kleinen Häuschens, das wir aus alten Spanplatten im Hundepark hinter unserer Wohnung bauten. Oft packten wir uns was zu essen von zu Hause ein und machten dort in unserer Hütte ein Picknick.
Die Zeit ohne unsere Eltern in der Türkei war für Dana und

mich nicht einfach. Sie war elf Jahre alt, als meine Eltern auch mich zu unseren Großeltern nach Alaattin brachten. Vorher hatte ich eineinhalb Jahre allein mit ihnen in Hamburg gelebt und der Abschied fiel mir unglaublich schwer. So wurde Dana in den zwei Jahren in der Türkei zu meiner wichtigsten Bezugsperson. Wir besuchten dieselbe Schule, ich die erste Klasse, Dana die fünfte. Dort gab es nur ein Plumpsklo, so was kannte ich aus Deutschland gar nicht. Und ich fand es ganz schrecklich. Allein wollte ich da auf keinen Fall hin. Also lief ich, wenn ich mal musste, immer über den Schulhof und klopfte bei Danas Klasse an die Tür, damit sie mich zum Klo begleitete und mir half. Später, als sie auf eine andere Schule wechselte, hatte das fatale Folgen. Denn ohne sie konnte ich einfach nicht auf die Toilette gehen – und machte mir zweimal in die Hose ...

Dana war immer mehr für mich als nur die große Schwester. Eigentlich ist sie meine zweite Mama. Sie hat mir bei den Hausaufgaben geholfen, später hat sie mich bei Liebeskummer getröstet, sie war einfach immer für mich da. Ich bin ihr in vielerlei Hinsicht sehr dankbar.
Meinem Bruder und mir hat sie viele Türen geöffnet. Von den Freiheiten, die sie sich mühsam erkämpfte, haben wir jüngere Geschwister später sehr profitiert. Am krassesten war die Geschichte mit ihrer arrangierten Ehe. Mein Vater hatte die Einstellung ›Meine Töchter heiraten nicht außerhalb des Dorfes‹, und so stand für meine Eltern der Mann, den Dana heiraten sollte, schon sehr früh fest.
Als sie uns verließ, weil sie diesen Mann nicht heiraten wollte, war ich es, die morgens Danas Abschiedsbrief auf dem Schreibtisch fand.
Ich rannte zu meinen Eltern ins Wohnzimmer und schrie sie an: ›Dana ist gegangen und kommt nie wieder. Und ihr seid schuld!‹ Diese Zeit war einfach nur furchtbar. Aber so schmerzlich diese Erfahrung auch war – Danas Flucht hat dazu geführt, dass mein Vater seine zutiefst traditionelle Einstellung änderte.
Später, als Dana längst erwachsen und ausgezogen war, ich war

ungefähr 16, riefen meine Eltern mich eines Abends zu sich ins Wohnzimmer, weil sie mit mir sprechen wollten. Scheiße, dachte ich, was habe ich ausgefressen?

Mein Vater guckte mich an und sagte: ›Dönay, wenn da jemand ist, den du gerne magst, dann kannst du uns das sagen.‹

Ich war völlig perplex. Damit hatte mein Vater mir quasi die Erlaubnis erteilt, einen Freund haben zu dürfen. Das wäre noch ein paar Jahre zuvor undenkbar gewesen. Ein absolutes Tabu!

Auf dem Weg ins Kinderzimmer griff ich im Flur aufgeregt nach dem Telefon und rief sofort meine Schwester an: ›Dana, du glaubst es nicht! Bei uns im Wohnzimmer sitzen zwei Aliens! Ich erkenne unsere Eltern nicht wieder.‹

Ich bin zwar vier Jahre jünger als Dana, aber war immer schon größer und kräftiger. Sie hat mich seelisch beschützt, ich sie körperlich. Als Dana mal einen Freund hatte, den ich absolut nicht ausstehen konnte, bin ich zu ihm hin, hab ihm in die Augen geschaut und gedroht: ›Wenn du meine Schwester schlecht behandelst, dann lasse ich dir die Beine brechen!‹

Hätte ich natürlich nicht wirklich gemacht, aber gewirkt hat es trotzdem. Vom Temperament bin ich viel türkischer als Dana. Sie ist beherrscht, ich schnell auf 180.

Dana ist nicht nur wie meine zweite Mutter, sie ist auch meine beste Freundin. Und eine der wenigen Personen, die mich kritisieren dürfen – bis heute. Mittlerweile arbeite ich auch im Team der Wölkchenbäckerei, bin als Sales Manager für den Shop zuständig, den Einkauf und Vertrieb der Backmischungen. Als Chefin schimpft sie auch mal, aber das ist okay. Sie weiß eben genau, was sie will. Und was nicht.

Ob mich Danas Erfolg überrascht hat? Nicht wirklich. Denn Dana war immer schon eine Macherin. Wenn mich jemand fragt, ob ich ein Vorbild habe, dann sage ich immer: ›Ja, meine Schwester.‹ Und ich bin unglaublich stolz auf sie. Wenn Dana einen Plan hat, dann zieht sie den auch durch und hat ihr Ziel immer vor Augen. Stillstand ist nicht ihr Ding. Gegen sie bin ich

*eine faule Socke. Aber sie ist nicht nur taff, sondern auch der
liebste Mensch, den ich kenne.*
*Als Dana kurz nach der Veröffentlichung ihres ersten Buchs in
die Klinik kam, hatte ich wirklich Angst. Eine Woche davor war
unser Onkel an einem Herzinfarkt gestorben, und ich machte
mir schreckliche Sorgen um sie.*

*Was ich ihr für die Zukunft wünsche? Dass sie sich ein wenig
mehr Ruhe gönnt, nicht immer so getrieben ist. Und mehr Zeit,
um ihren Erfolg einfach auch mal zu genießen.«*

———•·———

5.
Abi und was nun?

Mein Name wird aufgerufen, mir zittern die Knie. In Jeans, gestreiftem Pulli und meinen geliebten Doc Martens gehe ich langsam zur Bühne und nehme mein Abiturzeugnis entgegen. Mit einem Schnitt von 3,3 – als Leistungskurse hatte ich Mathe und Kunst gewählt – bin ich mit Abstand nicht unter den Besten. Trotzdem halte ich das Papier stolz in den Händen. Der Weg bis hierher war nicht einfach. Wie sehr hatte ich dafür gekämpft, weiter zur Schule gehen zu können. »Mädchen machen kein Abitur«, hatte mein Papa immer gesagt.

So gerne würde ich Mama und Papa jetzt zulächeln. Doch unter den Gästen in der Aula ist niemand aus meiner Familie. Meine Eltern sind mittlerweile sehr stolz, dass ihre Tochter es bis zum Abitur gebracht hat, halten sich aber gerade in Alaattin auf. Meine Geschwister Ümit und Dönay können auch nicht dabei sein, sie müssen ja selbst zur Schule .

Nun habe ich es tatsächlich geschafft – mit 21 Jahren und dem Abi in den Händen liegt das Leben mit all seinen Möglichkeiten vor mir. Doch wohin wird es mich tragen?

Bis zum Abitur brauchte ich 15 Schuljahre. Es rächte sich, dass ich nach meiner Rückkehr nach Deutschland auf die Hauptschule beordert wurde. Darum musste ich für die Mittlere Reife erst zwei Jahre die Handelsschule besuchen, um die Zulassung zum Aufbaugymnasium zu erhalten. Schneller ging's leider nicht.

Für mich war schon während der Schulzeit klar, dass ich mich selbstständig machen wollte. Mit 18 hatte ich neben der Schule angefangen zu kellnern und Gefallen an der Gastronomie gefunden. Ich besichtigte sogar schon ein Lokal im Schanzenviertel, das verpachtet werden sollte. Doch als ich meinem damaligen Chef, für den ich kellnerte und der mehrere eigene Läden betrieb, den Mietvertrag zeigte, riet er mir dringend ab.

Und so landete ich an der Universität in Kiel und schrieb mich für den Studiengang Ernährungswissenschaften ein. Der war nicht mit einem Numerus clausus belegt und klang im Vergleich zu anderen möglichen Fächern recht interessant. Doch die Uni war so gar nicht mein Ding – weder die Leute noch das Studium an sich. Im Nachhinein betrachtet hätte ich für das, was ich jetzt mache, allerdings nichts Passenderes studieren können.

Damals aber traf es sich gut, dass mein ehemaliger Chef anrief: »Dana, du willst doch einen eigenen Laden. Du traust dir das zu, ich trau dir das zu. Ich hätte was für dich! Ich übernehme einen Laden. Willst du da meine Geschäftsführerin werden?«

»Oh, äh, aber ich studiere doch jetzt. Mist. Aber danke für das Vertrauen.«

Ich legte auf und war völlig durch den Wind, grübelte. So eine Chance würde ich wahrscheinlich nicht noch einmal bekommen. Nach zwei Wochen wählte ich seine Nummer.

»Ich mach's, ich will den Job!«

»Oh, ich habe aber schon jemanden. Bist du dir sicher?«

»Ja, nächste Woche bin ich wieder zurück in Hamburg.«

Voller Vorfreude packte ich meine paar Sachen in meinen 15 Jahre alten weißen Golf I, den ich mir für 1200 Mark von meinem Kellnergeld gekauft hatte. Die paar Möbel aus meinem WG-Zimmer verscherbelte ich an einen Entrümpler – was mir meine Mutter später schwer übel nahm. Ab ging es zurück nach Hause. Mit 21 wurde ich die wohl jüngste Geschäftsführerin im noblen Hamburger Stadtteil Blankenese, im Kultlokal »Linde«.

Vorher machte ich aber noch einen Kochkurs in einem anderen Restaurant meines zukünftigen Chefs, um auch gut vorbereitet zu sein.

Organisieren, delegieren, Verantwortung übernehmen – das war immer schon genau mein Ding. Und ich lernte wirklich viel. Die Linde war eine gute Schule. Einmal fragte mich einer meiner Angestellten nach einem Vorschuss von 1000 Mark. »Kein Problem!«, sagte ich – und sah den Mitarbeiter nie wieder. So etwas gab es? Das war für mich bis dahin unvorstellbar.

Ich organisierte für mein Team eine Weihnachtsfeier im Kartoffelkeller, wo ich gekellnert hatte, bis die Chefin dort mich so sehr eingeschüchtert und verunsichert hatte, dass ich vor Schreck einen Aschenbecher fallen ließ. Damals sagte sie zu mir: »Güldane, Gastronomie ist wohl nichts für dich!«

Damit spornte sie mich erst recht an, in der Gastro zu bleiben. Als ich dann vor ihr stand, inzwischen selbst Chefin, mit meiner Crew von der Linde hinter mir, war das für mich eine späte, süße Genugtuung. Ich wollte ihr zeigen: Ich habe es doch geschafft! Sie erkannte mich auch tatsächlich, sagte aber nur:

»Ach, du bist doch die Türkin!«

Geändert hatte sie sich anscheinend nicht.

Der Job in der Linde machte zwar Spaß, bedeutete aber auch oft eine Siebentagewoche, und manchmal arbeitete ich 48 Stunden am Stück. Es gab Wochenenden, an denen verließ ich den Laden von Samstagmorgen bis Sonntagabend nicht ein einziges Mal.

Die Linde und die viele Arbeit konnte ich gut als Argument nehmen, von zu Hause auszuziehen. Als sich eine Gelegenheit ergab, weil ein Stammkunde der Linde eine Zweizimmerwohnung zu vermieten hatte, stand ich vor dem nächsten Schritt: Wie sollte ich meine Eltern davon überzeugen?

Voller Anspannung und Angst vor der Antwort versuchte ich nach dem Abendbrot beim Tee mit meinen Eltern zu sprechen.

»Wenn der Betreiber dir seinen ganzen Laden zutraut, vertraue ich dir auch alleine zu wohnen.«

Ich dachte, ich höre nicht richtig: Papa gab mir ohne Probleme grünes Licht! Mama gefiel es zwar nicht, aber er hatte entschieden.

Schon zehn Tage danach zog ich aus. Das war ein riesiger Meilenstein für mich, meine Geschwister und meine Eltern. In Kiel hatte ich zwar auch eine eigene Wohnung, aber da war ich in einer anderen Stadt. Nun lebte ich wieder wie meine Eltern in Hamburg. Für ein türkisches, unverheiratetes Mädchen war es eigentlich undenkbar, vor der Hochzeit aus dem Elternhaus auszuziehen. Viele Familien hatten die Befürchtung, dass dieser Entschluss ein Abgleiten ins Rotlichtmilieu oder in die Drogenszene bedeutete. Das wurde über Jahrzehnte sogar in türkischen Filmen immer wieder so dargestellt. Auch für meine Eltern war mein Auszug daher ein großer, mutiger Schritt. So war diese 50-Quadratmeter-Wohnung, die ich mit meiner Freundin Tine teilte, nicht nur ein Stück Freiheit für mich, sondern ein Zeichen des Wandels. Wir Gastarbeiterkinder waren geprägt von der Tradition unserer Eltern und wollten doch unsere eigenen Wege gehen. Viele meiner deutschen Freunde konnten diesen Zwiespalt gar nicht nachvollziehen: »Dana, zieh doch einfach aus, wo ist das Problem?!«

Die Arbeit in der Linde war echt hammerhart. Nach einem Jahr war mein Akku komplett leer, ich kündigte und überlegte, wie es nun weitergehen sollte.

Wenn Managen mir lag – dann müsste BWL doch gut zu mir passen! Dachte ich und bewarb mich über die Zentrale Vergabestelle für Studienplätze für Betriebswirtschaft und bekam die Zusage für die Uni Osnabrück. Die Zeit bis zum Studienbeginn überbrückte ich mit einem vierwöchigen Praktikum beim Friseur, in der Nähe meiner Wohnung im Hamburger Stadtteil Nienstedten. Ich hatte meiner Freundin Tine und meinen Geschwistern immer schon gerne die Haare geschnitten. Nun, wo ich Zeit hatte, wollte ich wissen, wie es richtig ging. Der Meister war von mir so begeistert, dass er mir sofort eine Lehrstelle anbot, doch mich zog es weiter. Dafür beherrsche ich heute noch den perfekten Stufenschnitt!

In Osnabrück kannte ich niemanden und brauchte zunächst eine Wohnung. Auf der Suche fand ich bei einer Besichtigung auch gleich eine neue Liebe: Torsten. Intelligent, groß, attraktiv, mit einem gutem Musikgeschmack, auch wenn wir eigentlich sehr unterschiedlich waren. Ich konnte gar nicht genug Leute um mich herum haben, er blieb am liebsten in seinem kleinen Freundeskreis. Die Zeit in Osnabrück war vom ersten Tag an einfach großartig, und ich genoss meine Freiheit. Neben dem Studium kellnerte ich im »Unikeller«, irgendwann verbrachte ich mehr Zeit dort als im Hörsaal. Der ganze Statistikkram war so gar nicht meins. Ich bin einfach weniger Theoretikerin als echtes Arbeitstier. Insgesamt blieb ich sieben Jahre in Osnabrück.

Neben der Uni musste ich mich um meine Gesundheit kümmern, vom vielen Arbeiten und Fässer tragen in der Gastronomie hatte ich mit Mitte 20 einen heftigen Bandscheibenvorfall, den ich erst nach sechs Monaten Zwangspause und Physiotherapie, aber immerhin ohne Operation wieder in den Griff bekam. Auch finanziell war diese Zeit ohne Nebenjob schwierig: Nach Abzug meiner Fixkosten blieben mir vom BAföG nur noch knapp 150 Euro. Auf die Unterstützung von Eltern oder Großeltern, die bei meinen Kommilitonen stets aushalfen, konnte ich nicht zählen. So musste ich manches Treffen absagen, weil ich mir den Milchkaffee oder das Bier einfach nicht leisten konnte.

Das Kellnern konnte und wollte ich meinem Rücken nicht mehr zumuten. Und so begann ich bei den Städtischen Bühnen Osnabrück zu jobben. Zunächst verkaufte ich Karten, aber ich kniete mich so in die Arbeit rein, dass ich immer mehr Aufgaben übertragen bekam, irgendwann sogar die Dienstpläne fürs ganze Theaterteam schrieb.

Nach sieben Jahren kehrte ich als Eventmanagerin und ohne Torsten nach Hamburg in die Wohnung meiner Eltern zurück und gründete meine erste und einzige Ich-AG: die Agentur »Kaliber-Konzerte Hamburg«.

Ich organisierte Konzerte mit kleinen Bands, die ich auch managte. Aber so sehr ich mich auch anstrengte, richtig Kohle kam dabei nicht rum. Dafür lernte ich, was es bedeutete, selbstständig zu sein. An manchen Tagen gab es wenig zu tun, an anderen umso mehr. Und wie wichtig es war, Kontakte zu knüpfen und ein berufliches Netzwerk aufzubauen. So sehr ich mich auch bemühte, in Hamburg hatte ich gegen die mächtigen Konzertagenturen überhaupt keine Chance, zumal mir das Budget für große Künstler einfach fehlte. Es machte zwar viel Spaß, aber ohne Nebeneinkünfte hätte ich mein Leben nicht finanzieren können.

Deswegen arbeitete ich parallel im Briefzentrum bei der Post, so wie schon meine Eltern. Einmal besuchte mich mein Papa dort und stellte fest, dass er in derselben Halle früher die Postkisten in die Eisenbahnwaggons geladen hatte. Er war erstaunt über die Veränderungen, die riesigen Maschinen, Fließbänder und bunten Lichter. Zu seiner Zeit waren es nur die Gabelstapler, die piepten und leuchteten.

Ich entschied mich, meine Agentur ganz dicht zu machen und bewarb mich bei verschiedenen Theaterhäusern. Bis ich vom Thalia Theater eine Zusage für eine Elternzeitvertretung im Vertrieb bekam.

Die Arbeit am Theater kannte ich ja schon aus meiner Zeit in Osnabrück und die Kollegen dort waren echt nett. Als mein Vertrag auslief und ich wieder mal nicht wusste, wie es weitergehen sollte, lag ich gerade im Urlaub in der Türkei am Strand, als die Hamburgische Staatsoper anrief.

»Frau Akgün, wir haben gehört, Sie suchen einen Job. Wenn Sie möchten, können Sie morgen hier anfangen!«

Bingo! Ich freute mich riesig und trat direkt nach dem Urlaub meine Stelle im Kartenvertrieb an, kümmerte mich außerdem noch um die Abonnenten. Als ich das erste Mal den Vorverkauf für die Ballett-Werkstätten von John Neumeier miterlebte, dachte ich, ich gucke nicht richtig: Schon am Freitag standen die ersten Kunden vor dem Haus in der Schlange für den Vorverkauf an, der erst am Montag startete! Sie führten Wartelisten, wechselten sich in Tag- und Nachtschichten ab. Die Staatsoper versorgte sie mit Wasser, Tee und Kaffee. Ich war fasziniert von dieser Leidenschaft für die klassische Kultur. Bislang kannte ich das nur von Teenie-Bands oder Rockkonzerten.

Neben dem 20-Stunden-Job in der Oper wollte ich endlich meinen Traum vom eigenen Laden verwirklichen. Statt nur den ganzen Tag den Künstlern und Agenturen hinterherzutelefonieren, sollten die Leute lieber zu mir kommen.

In Ottensen zeigte mir eine Freundin ein leerstehendes Geschäft. 45 Quadratmeter, Altbau, ein schlauchiger Verkaufsraum, große Schaufensterfront, mit einer kleinen Wendeltreppe nach oben zur Küche. Ich verliebte mich sofort. Ja, das war mein Laden!

Und so war das »Klamottensen« geboren – Secondhandklamotten in Ottensen, vorne mit einem kleinen Café. 12 000 Euro Abstand musste ich dem Vormieter für den leeren Laden zahlen und dafür einen Kredit aufnehmen – aber das war mir mein Traum wert. Zum zweiten Mal in meinem Leben musste ich einen Businessplan erstellen. Der von der Ich-AG war lächerlich im Vergleich zu dem, was die Bank jetzt von mir wollte: Konzept, Marketing und Vertrieb, Markt und Wettbewerb, Erfolgs- und Finanzplanung und und und …

Null Euro Eigenkapital und keine Referenzen in dem Bereich waren nicht gerade von Vorteil und so bürgten meine Eltern bei der Bank für mich. Ich strich die Wände cremeweiß, holte vom Baumarkt Fahrradhaken, an die ich die Kleiderbügel hängte. Die letzten 3000 Euro, die ich noch hatte, gab ich einem Tischler, der eine Theke, eine Tafel und eine Sitzecke für mich fertigte. Meine erste Ware kam von Freundinnen, deren Kleidung ich in Kommission nahm.

Für den kleinen Café-Bereich kaufte ich eine gebrauchte Espressomaschine und tüftelte an einem leckeren Rezept für Belgische Waffeln. Nur Waffeln sollte es bei mir geben. Die konnte man täglich frisch zubereiten, so war die Qualität garantiert, und die Zutaten kosteten nicht viel Geld. Schon damals entschied ich mich für Dinkelmehl. Allerdings noch mit viel Butter und Zucker.

Das Klamottensen lief ziemlich gut an. Und ich fand Gefallen daran, einen eigenen Laden zu führen – Austausch mit anderen Menschen, Ideen umsetzen, einfach mit einem Kaffee in der Hand vorm eigenen Geschäft sitzen – ja, das ist genau mein Ding! Meine Grundsicherung blieb weiterhin die Staatsoper. So arbeitete ich manchmal sogar sieben Tage die Woche, was mich aber nicht störte.

Das Klamottensen gibt es heute noch. Eine Freundin betreibt es weiterhin mit dem alten Konzept, und vor allem mit dem Waffelrezept von damals.

Tine, Danas Freundin aus der Schulzeit:
»Dana und ich lernten uns in der Oberstufe der Erich-Kästner-Gesamtschule kennen. Mit unserer Freundin Antje waren wir ein Mädels-Trio, das eng zusammenklebte. Noch vor dem Abi flogen wir gemeinsam für eine Woche nach Mallorca, in ein ziemlich abgerocktes Hotel. Mehr konnten wir uns nicht leisten. Natürlich heimlich, denn Malle hätten Danas Eltern niemals erlaubt. Offiziell fuhren wir in das Ferienhaus von Antjes Eltern nach Baltrum.

Wenn ich Dana zu Hause besuchte, war das immer ein bisschen wie ein Kurztrip in eine andere Welt. Da wurde lebhaft auf Türkisch gesprochen und laut diskutiert, ihre Eltern waren unheimlich herzlich und gastfreundlich. Es gab immer Tee und irgendwas leckeres Exotisches zu essen. Aber so offen ihre Eltern auch mich empfingen – sie waren trotzdem gefangen in ihrer kulturellen Tradition. Ein Besuch mit Dana auf dem Kiez? Danach musste Dana gar nicht erst fragen, das war undenkbar. Was aber nicht hieß, dass Dana nicht trotzdem ab und zu mit uns auf dem Kiez unterwegs war. Weil viele ihrer Verwandten ja auch auf St. Pauli wohnten, zog sie dann immer eine große Kapuze über den Kopf, damit sie niemand erkannte. Und wenn wir den Laden wechselten, gaben wir ihr Deckung und nahmen sie eng von beiden Seiten in den Arm. Müssen wir wohl ziemlich gut gemacht haben, denn aufgeflogen sind wir tatsächlich nie.

Später, als Dana als Geschäftsführerin in der Linde in Nienstedten arbeitete, wohnten und arbeiteten wir auch zusammen. Das war eine schräge Zeit. Eine typische Szene: Ich kam irgendwann völlig übermüdet im Schlafanzug aus meinem Zimmer unserer WG geschlurft, weil wir wieder mal erst um 3 Uhr morgens ins Bett gekommen waren. Und Dana saß munter und angezogen in der Küche am Telefon und organisierte schon wieder.

Eine Macherin war sie wirklich schon immer. Sie wusste einfach, wo es langgeht. Und wenn nicht, dann hat sie so getan,

als ob. Sie stürzte sich immer von einem Projekt ins andere
– das ist ja heute noch so.
Als Chefin konnte Dana auch ganz schön streng sein. Ich jobbte
zwei-, dreimal in der Woche als Kellnerin in der Linde, als sie
dort Geschäftsführerin war, und ich kann mich noch genau an
ihren scharfen Blick erinnern, wenn meine weiße Bluse mal
nicht gebügelt war ...
In der Zeit in Nienstedten bekam ich mit, dass Dana tatsächlich
schon allein aufgrund ihres Namens auch Ablehnung erlebte.
Da gab es diese Szene im Treppenhaus unserer damaligen WG,
die ich bis heute nicht vergessen habe. Unsere Vermieterin guck-
te Dana an und sagte herablassend zu ihr: ›Wird Zeit, dass Sie
hier ausziehen, Sie mit ihrem komischen Namen.‹«

———•·———.

6.
Emine – Abschied von meiner Schwester

Ich stehe vor der Metalltür und drücke auf den Knopf der Gegensprechanlage. Mein ganzer Körper ist angespannt, ich merke, wie ich die Zähne aufeinanderpresse.
Das ist der Moment, vor dem ich immer die größte Angst habe.
»Ja, bitte?«
»Ich will zu meiner Schwester Emine.«
Die Tür summt. Ich trete ein und spüre Erleichterung. Sie lebt noch!
Wie ist ihr Zustand heute? Ich sehe, dass sie wach ist. Um sie herum stehen lauter Geräte. Nur das Geräusch der Beatmungsmaschine und das Piepen der Überwachungsmonitore unterdrücken die Stille. In der Luft liegt der intensive Geruch von Desinfektionsmitteln.
Ich gehe vorsichtig zu ihrem Bett, sie begrüßt mich durch ihre Augen. Reden kann sie nicht, auch wenn sie es probiert.
Ich nehme ihre Hand, streichle sie und erzähle ihr von unserem Alltag.
»Mama und Papa haben einen neuen Backofen. Den haben wir heute eingebaut. Oguzhan, dein Sohn, hat mitgeholfen. Meine Güte, der wächst ja auch jeden Tag! Und Sinan, dein Kleiner, hat eine richtig gute Deutschklausur wiederbekommen. Du kannst stolz auf ihn sein.
Ach ja, Mama hat schon wieder viel zu viele Kohlrouladen gemacht. Ein paar habe ich für dich eingefroren.
Emine, die Ärzte sagen, der Krebs ist weg. Dein Körper hat Ümits Stammzellen super angenommen. Es ist nur noch diese scheiß Lungenentzündung. Die kriegst du ja wohl auch noch weg!
Soll ich deine Füße massieren?«

⚬⚬⚬ ⚬⚬⚬

Meine Schwester Emine kam sieben Jahre vor mir, als erstes Kind meiner Eltern, zur Welt. Sie war immer die ruhigere, vernünftigere von uns. Und wunderschön. Wie immer fuhren wir auch im Sommer 2008 in die Türkei. Mit der ganzen Familie machten wir Urlaub in unserem Strandhaus in Ören, etwa 200 Kilometer von Alaattin entfernt.

Emine war schon seit einigen Monaten zu Hause in Hamburg ständig kalt gewesen.

Sie lag neben mir auf dem Handtuch am Strand, blickte aufs Meer. Ernsthafte Sorgen machte ich mir da noch nicht, und ich genoss die unbeschwerte Zeit mit meinen Geschwistern. Es war der letzte Urlaub, in dem wir alle zusammen waren. Und selbst hier, bei über 40 Grad, war sie ständig am Frieren.

»Ich fühle mich so kraftlos, warum bin ich bloß so müde?«

»Das ist bestimmt nur Vitaminmangel.«

Dann, an einem Freitagabend kurz nach unserer Rückkehr, klingelte mein Handy.

»Güldane, ich bin im Krankenhaus. Nur, dass du Bescheid weißt.«

»Wieso? Wegen der Müdigkeit?«

»Ich weiß jetzt, warum ich immer so müde bin.«

»Und, warum ...?«

»Ich habe Leukämie.«

Ich war sprachlos und schockiert. So was haben andere, aber doch nicht wir!

Es fühlte sich an, als wäre der ganze Himmel von einer Sekunde auf die andere plötzlich rot gefärbt. Erst am Sonntag hatte ich die Kraft, sie zu besuchen. Darüber ärgere ich mich heute noch. Warum bin ich nicht sofort zu ihr gefahren, habe sie in den Arm genommen, getröstet? Ich konnte nicht. Insgeheim habe ich gehofft, dass sie mich noch einmal anruft und das Ganze nur ein großer Irrtum war. Doch das passierte nicht. Ihre Aussage zu verarbeiten, fiel mir so unendlich schwer. Bis dahin war ich noch nie mit einer solch schrecklichen Diagnose konfrontiert gewesen. Aber dann schaltete ich auf »Funktionieren« um und versuchte alles, um sie aufzubauen und ihr das Gefühl zu vermitteln, dass alles gut wird. Sie brauchte kein Mitleid, sondern Zuversicht. Und die sollte sie bekommen.

Die Ärzte sagten, mit vier Geschwistern hätte sie gute Chancen, unter uns einen geeigneten Stammzellenspender zu finden. Und tatsächlich stimmten die Stammzellenmerkmale unseres Bruders Ümit mit ihren perfekt überein. Das jüngste sollte dem ältesten Kind das Leben retten – zwischen ihnen lagen 17 Jahre Altersunterschied. Vor Ümits Geburt hatte meine Schwester gegenüber meinen Eltern mal geäußert, ob denn jetzt wirklich noch ein Kind sein müsste. »Hätte ich gewusst, dass er einmal mein Leben retten würde …«, sagte Emine bei einem meiner Klinikbesuche zu mir.

Über mehrere Tage wurden Ümit Hormone gespritzt, um die Produktion von Stammzellen für die Entnahme anzukurbeln. In der Zwischenzeit wurde Emines Immunsystem zur Vorbereitung auf die Transplantation total runtergefahren, sie kam auf die Isolierstation.

Nach dem Eingriff verschlechterte sich ihr Gesundheitszustand dramatisch. Ich rief sie in der Klinik an und sie hustete ganz schrecklich, »Güldane« – mehr konnte sie nicht sagen. Ihre Atmungsorgane waren komplett von Bakterien und Pilzen befallen. Das wurde so schlimm, dass bei Emine ein Luftröhrenschnitt gemacht werden musste. Als ich sie besuchen durfte, war sie an eine Beatmungsmaschine angeschlossen. Sechs Wochen lag sie so auf der Intensivstation. Das war einfach nur grausam. Meine Eltern hatten nicht die Kraft, ihr Kind in diesem Zustand zu sehen, ich wollte ihnen etwas von der Last nehmen und ging, neben ihrem Mann, jeden Tag auch für sie ins Krankenhaus zu Emine. Sie verständigte sich mit mir durch Blicke und durch Nicken. Ich massierte ihre völlig angeschwollenen Füße, streichelte sie. Und war verzweifelt.

Heute noch mache ich mir große Vorwürfe, dass ich sie vielleicht in einigen Sachen falsch beraten habe. Hätte ich sie doch nicht zur Teilnahme an der Studie überzeugen sollen? Die Ärzte hatten eine neue Behandlungsmethode vorgeschlagen, und ich erhoffte mir dadurch mehr Aufmerksamkeit für Emine. Vielleicht hätte ich auch nicht zustimmen dürfen, ihre Beatmungsmaschine langsam runterzufahren, um Emines eigene Atmung wieder zu trainieren. Denn an dem Abend fiel sie erneut ins Koma.

Und wachte nie wieder auf.

Die Ärzte gaben Emine fünf Prozent Überlebenschance. Und wir setzten unsere ganze Hoffnung auf diese fünf Prozent. Ich dachte oft an ein Gespräch mit Emine, das wir führten, bevor sie auf die Intensivstation verlegt wurde.

»Güldane, wenn ich hier wieder raus bin, dann gehe ich meinen Weg. Gehe ins Theater. Bilde mich weiter. Und werde mutiger.«

Doch diese Chance blieb Emine verwehrt. Mit gerade mal 40 Jahren, mitten im Leben, verlor sie jegliche Möglichkeit, ihr Ding zu machen. Ihre Worte trage ich immer in meinem Herzen, und sie bestärken mich auch in schwierigen Zeiten darin, meine Ziele zu verfolgen und nicht den Mut zu verlieren.

Bei meinem letzten Besuch in der Klinik fragte ich die Ärztin, wie es Emine geht. Doch ich bekam keine Antwort, sie schwieg nur und schaute mir tief in die Augen. Und ich hatte verstanden, dass Emine nicht wieder aus dem Koma erwachen würde. Ich ging zu ihr ans Bett, streichelte und küsste sie und bedankte mich für die gemeinsame Zeit.

Das war an einem Sonntag. Als ich die Klinik verließ, war für mich klar: Ich schaffe es nicht, noch einmal zu ihr zu gehen, es war einfach zu schmerzhaft.

Am Samstag darauf rief mich das Krankenhaus auf dem Handy an, und der Arzt sagte zu mir: »Kommen Sie, um Abschied zu nehmen.«

Doch ich konnte nicht. Mein Vater und meine jüngere Schwester fuhren zu ihr. Irgendwann an diesem 10. Januar kamen sie nach Hause und mein Vater fiel meiner Mutter in die Arme. Er weinte bitterlich: »Wir haben unsere Tochter verloren.«

Ich war wie versteinert. Es war das Schlimmste passiert,

was passieren konnte. Wir alle konnten nichts dagegen tun und mussten also lernen, mit diesem Schmerz zu leben.

Heute noch erschrecke ich mich, wenn ich den Standard-Nokia-Klingelton höre – der ertönte damals immer, wenn die Klinik oder mein Schwager anriefen. Gewisse schrille Piepgeräusche erinnern mich an die Geräte auf der Intensivstation, und auch der Geruch von Desinfektionsmitteln wirft mich zurück in die Zeit an Emines Krankenbett.

Emine wurde in Alaattin beigesetzt. Obwohl es uns allen das Herz zerriss, waren wir nach der Beerdigung wie befreit, ja, wir lachten sogar. Es fühlte sich an wie ein Druckabfall, als würde alles Schwere von uns genommen. Das ganze Haus war voller Menschen. Alle im Dorf trauerten mit uns – in der Türkei wird niemand in seiner Trauer alleine gelassen. Alle kamen zu uns, brachten Essen mit, weinten mit uns.

Als wir im Flugzeug zurück nach Hamburg saßen, dachte ich: Jetzt wird alles gut, mein altes Leben beginnt wieder.

Doch nichts war gut. Ich sollte in ein abgrundtiefes Loch fallen.

———— • ————

Mein Schwager bat mich, Emines Kleiderschrank auszuräumen, weil er es nicht schaffte. Da fühlte ich mich noch stark genug. Ich nahm ihre orangefarbene Strickjacke, ihre geliebte braune Mütze und das rote Dreieckstuch, mit dem sie in der Türkei immer am Strand gelegen hatte, an mich und bewahre sie heute noch auf. In einer großen grünen Metallkiste hinten in meinem Kleiderschrank. Alles ist fest verschlossen in einer Tüte, damit ihr Geruch erhalten bleibt.

Den tiefen Schmerz in mir versuchte ich zu verdrängen. Ich war jeden Abend unterwegs, machte Party, traf mich mit den falschen Leuten und trank viel zu viel Alkohol. Manchmal übernachtete ich im Schlafsack im Klamottensen, schloss morgens dann völlig verkatert die Tür auf. Nicht mal einen Monat vor dem Tod meiner Schwester machte noch mein damaliger Freund mit mir Schluss. Meine Schwester war gegangen, mein Freund war gegangen, und der Laden lief wegen schlechter Leitung nicht mehr.

Meine Schwester Dönay lebte mit ihrer Familie ihr eigenes Leben, Ümit wohnte zwar mit mir in einer WG, hatte aber eine Freundin. Meine Eltern waren in der Türkei geblieben. Auch wenn mein Bruder in der wenigen Zeit, die ich zu Hause verbrachte, für mich da war, kam ich mir trotzdem allein vor. Ich verlor den Halt und fühlte mich wie unter einer Glocke. Alles passierte um mich herum, und ich war passiv wie ein Zuschauer, völlig emotionslos und leer. Auch körperlich baute ich ab, war ständig müde, öfter mal heiser und hatte immer wieder Kopfschmerzen.

Dieser Zustand wurde von Tag zu Tag schlimmer. Ich weiß noch, wie ich im Bus saß und zwei Mädchen hinter mir sich über eine Party unterhielten und viel lachten. Sie kamen mir vor wie aus einer anderen Welt. Diese Leichtigkeit war für mich völlig irrational. Auf die Partynächte verzichtete ich inzwischen und zog mich zurück, schloss auch das Klamottensen. Die Kraft, den Laden wieder zum Laufen zu bringen, fehlte mir komplett. Es gab in meinem Kopf nur die Vergangenheit. Kein Jetzt und vor allem kein Morgen.

Und ich dachte immer: Irgendwer muss mich doch langsam mal hier rausholen aus diesem schrecklichen Albtraum!

Doch es änderte sich nichts. Ich weiß nicht, ob ich ohne meinen Bruder Ümit die Kurve gekriegt hätte.

Eines Abends, etwa elf Monate nach Emines Tod, kam er in mein Zimmer, wollte mit mir sprechen. Er war verzweifelt, kannte er mich doch nur als die starke große Schwester. Die, die immer für andere Verantwortung übernahm, für andere da war. Doch unsere Rollen waren nach Emines Tod vertauscht. Auf einmal war er derjenige, der mich stützen musste. Er legte seinen Kopf auf meine Knie, weinte und sagte: »Ich habe so große Angst, noch eine Schwester zu verlieren.«

Obwohl ich ein sehr emotionaler Mensch bin, konnte ich ihm weder Zuversicht geben noch über den Kopf streichen.

In mir war alles leer. Dennoch hat dieser Moment etwas in mir bewegt. Ich begriff: So geht es nicht weiter! Es wird niemand kommen, der mich hier rauszieht, der mit einem Zauberstab alles wiedergutmacht. Ich musste mein Leben selbst in die Hand nehmen. Das war der Wendepunkt. Am nächsten Morgen, beim Kaffee in der Küche, versprach ich meinem Bruder:

»Du wirst mich nie wieder so sehen.«

Und so war es dann auch.

Von da an ging es mir langsam immer besser. Als erstes musste ich mich um mein leerstehendes Geschäft kümmern, das Miete kostete und nichts mehr einbrachte. Doch meine Versuche, es unterzuvermieten – ganz weggeben wollte ich meinen geliebten Laden nicht –, klappten nicht. Ich überlegte weiter und entschied mich, daraus ein reines Frühstückscafé zu machen. Ich ging erneut zur Bank, erstellte dieses Mal mit Hilfe meiner Steuerberaterin einen sehr viel überzeugenderen Businessplan und beantragte bei der Baubehörde die Nutzungsänderung. Der Plan ging auf. Vermutlich auch deshalb, weil ich von der Bank nur eine »lächerliche« Summe von 5000 Euro haben wollte. Das müsste reichen, um die Mietschulden zu begleichen und den Laden mit einfachsten Mitteln einzurichten.

Es klappte. Ich versuchte, mit kleinen Schritten und neuem Mut weiterzugehen. Mein Ziel: alle Kosten senken und endlich den Kopf abschalten.

Das Frühstückcafé kam sehr gut an. Dennoch blieb ich bei meinem ursprünglichen Plan, mir einen Mieter zu suchen. Mir fehlte einfach noch die Kraft, weiterzumachen. In zwei Monaten hatte ich den Laden zum Laufen gebracht, jetzt machte ich mich wieder auf die Suche nach einem neuen Betreiber. Nach 14 Tagen war das Café verpachtet. Ich hatte nicht nur die Kosten gesenkt und mir die Option offen gelassen, zurückzukommen, ich verdiente dabei sogar noch etwas dazu.

Ich arbeitete wie gewohnt weiterhin in der Staatsoper, genoss die Zeit mit Freunden und widmete mich meinen Hobbies wie der Fotografie. Aber ich war permanent heiser. An manchen Tagen war meine Stimme sogar ganz weg. Für meinen Job in der Oper war mir das sehr unangenehm. Aber mich deshalb krank zu melden kam für mich nicht in Frage. Nachdem einige HNO-Ärzte auch nicht wussten, was die Ursache für meine Heiserkeit war, empfahl mir mein Kollege Jens einen, von dem er überzeugt war, dass er mir helfen konnte.

Dieser Arzt untersuchte nicht nur meine Stimmbänder, er erkundigte sich auch, seit wann ich die Probleme hatte und was in meinem Leben passiert war. Nach unserem Gespräch gab er mir die Karte einer Sprachtherapeutin und sagte, dass ich bitte nur mit ihr einen Termin vereinbaren sollte und mit niemand anderem. Das wäre in meinem Fall sehr wichtig. Auch die Therapeutin fragte mich, was geschehen war, bevor ich die Stimme verloren hatte. Nachdem ich ihr von Emine erzählt hatte, schaute sie mich an und sagte: »Ich weiß, warum Sie zu mir geschickt wurden, ich bin auch ausgebildete Traumatherapeutin.«

So erzählte ich ihr all das, was ich weder mit meiner Familie noch mit meinen Freunden besprechen konnte, redete über meine Ängste und über die Vermittlerrolle, die ich zwischen meiner schwerkranken Schwester und meiner Familie angenommen hatte. Wie sehr es mich geschmerzt hatte, ihnen nicht die guten Nachrichten aus der Klinik übermitteln zu können, auf die sie alle so gehofft hatten. Über die Bilder und Geräusche im Krankenhaus, wie Emines Rachen ausgesaugt wurde, über die Atem- und die hohlen Schluckgeräusche. Über all das zu sprechen tat gut. Danach wurde ich auch nie wieder heiser. Mit Ausnahme des kleinen Zusammenbruchs nach meinem überraschenden Bucherfolg.

Durch den Tod meiner Schwester hat sich meine Sichtweise aufs Leben komplett verändert. Vieles, über das sich andere aufregen, ist für mich unwichtig geworden. Ich habe schmerzhaft gespürt: Das Leben kann jeden Tag zu Ende sein. Ich habe akzeptiert, dass der Tod einfach zum Leben dazugehört. Und auch, wenn jemand physisch nicht mehr da ist, so lebt er doch in den Gedanken weiter. Emine ist mir heute in der Erinnerung manchmal näher als früher. Sie wird immer Teil meines Lebens bleiben. Diese Erfahrung habe ich vielen voraus. Sie hat mich stärker gemacht und durch sie blicke ich sicher auch positiver aufs Leben. Was soll denn schon passieren?

———— • • ————

Ümit, Danas Bruder:
»*Mein Stoffaffe ›Dschungel‹ und ein Motorrad. Die mussten immer rein. Keine Gutenachtgeschichte ohne sie. Wenn Dana abends neben mir auf dem Bett saß, das ich mir mit unserer Schwester Dönay teilte, dachte sie sich die unglaublichsten Erzählungen aus und schaffte es tatsächlich immer, den Affen und das Motorrad einzubauen. Sie war und ist für mich die wichtigste Bezugsperson in der Familie. Keiner kennt mich so gut wie sie.*
Und sie war immer der kreative Kopf. Welche Schwester bastelt schon aus Bierdosenpaletten einen Ghostbusters-Rucksack für den kleinen Bruder? Sie war da, als ich in die fünfte Klasse kam. Sie war es auch, die zwischen allen Eltern in der Aula meiner Schule saß, als ich das Abiturzeugnis überreicht bekam. Danas Meinung zu meinen Freundinnen war mir extrem wichtig, bevor ich mit einem Mädchen zusammenkam, musste sie erst den ›Stiftung Dana-Test‹ bestehen.

Dana konnte aber auch ganz schön gemein sein. Ich erinnere mich, da war ich vielleicht fünf Jahre alt, als Dana einmal mit dem Netzkabel der Nähmaschine vor mir stand. Sie sagte: ›Wenn ich jetzt beide Enden zusammenhalte, bin ich tot.‹
Und dann hielt sie die beiden Kabelenden tatsächlich aneinander und fiel auf den Boden. Ich geriet in Panik und lief zum Telefon, wählte zitternd die einzige Nummer, die ich auswendig

kannte, die vom Cousin meiner Mutter. In dem Moment sprang
Dana aber auch schon wieder vom Boden auf und war ziemlich
lebendig.

Als sie ihr erstes eigenes Auto hatte, fuhren wir oft zusammen an die Elbe und kauften uns Fischbrötchen, die wir dann
in Danas altem Golf aßen. Dabei guckten wir aufs Wasser und
taten so, als wären wir auf der Durchreise und würden gleich
weiterfahren. Wir dachten uns Geschichten aus und träumten
von anderen Ländern. Das machen wir manchmal heute noch.
Genauso wie unsere legendären Videoabende, die wir als Kinder
früher zu Hause am Wochenende veranstalteten. Erst kauften
wir im Supermarkt Unmengen von Schokolade und Chips, dann
liehen wir uns Filme aus. Dana ist dann immer in die Video-
thek, und ich musste an der Tür warten, weil man da erst mit
18 rein durfte.

Auf Danas Hochzeit habe ich die Rede halten dürfen, um
mich bei ihr für die schönen gemeinsamen Erlebnisse zu be-
danken. Allerdings nutzte ich diese Gelegenheit auch, um zu
erwähnen, wie viele inoffizielle handwerkliche Ausbildungen
ich, dank Dana, zwangsläufig durchlaufen hatte. Als sie ihren
Secondhandladen in Ottensen hatte, wollte sie alles allein
machen – typisch Dana eben. Aber ohne meine Unterstützung ging es nicht. Malern, tischlern, die Elektrik – ›das
kriegen wir schon hin‹ war immer Danas Motto. Egal ob es
darum ging, Dimmschalter einzubauen, Stromkabel zu ver-
legen oder Wände einzureißen. Dabei war Dana die Fraktion
›Pi mal Daumen‹ und ich der, der alles ganz genau berechnen
wollte. Ich kann mich noch genau an Stehtische in ihrem Laden erinnern, die wir – nach Danas Anweisung – zusammen-
gebaut haben. Mann, waren die Dinger schief und wackelig.
Und was sagte Dana lächelnd? ›Egal, das passt schon!‹
Meine Schwester war immer schon taff und voller Power. Doch
es gab auch eine Zeit, in der ich ihr etwas von der Kraft zurück-
geben konnte, die sie mir in der Kindheit gegeben hatte.

Das war nach dem Tod unserer Schwester Emine. Für uns alle war das eine harte Zeit, aber Dana warf dieser Verlust total aus der Bahn.

Sie hat die Vernunft abgeschüttelt, um ihren Kopf freizubekommen vom Schmerz. Sie war viel unterwegs, hat Party gemacht, zu viel Alkohol getrunken, zu wenig geschlafen, sich mit den falschen Leuten umgeben. Ich hatte wirklich Angst um sie.

Damals tauschten wir die Rollen. Plötzlich war ich es, der für sie stark sein und sie stützen musste. Da war ich 24 Jahre, sie 34. Es war Schicksal, dass wir in dieser Zeit so eng zusammen waren, sogar zusammen eine Wohnung in der Holstenstraße teilten. Ich wollte eigentlich mit einem Kumpel zusammenziehen, aber als das nicht geklappt hat, bot Dana mir ein kleines Zimmer an, das in ihrer WG frei geworden war. Wir waren immer schon sehr eng, aber dieser Abschnitt in unserem Leben, als ich meine große Schwester zum ersten Mal schwach erlebte, der hat uns noch enger zusammengeschweißt. Ich versuchte sie aufzufangen, ihr Anker zu sein.«

———— • ————

7.
Striptease, drei Hochzeiten und zwei Babys

Die Karawane fährt im Schritttempo durch die schmalen Gassen.
Alle stehen vor ihren Häusern, winken uns zu. Die Kapelle sitzt
vor uns auf dem Pritschenwagen, zwei Pauken, die Zurna – eine
orientalische Flöte – und eine Darbuka, die Handtrommel, schal-
len durch alle Straßen und sorgen für ausgelassene Stimmung.
Ich genieße die Fahrt durch unser Dorf. Markus sitzt an meiner
Seite, ist überwältigt und winkt wie die Queen jedem zu.
Alle 200 Meter hält der bunte Zug an, wir müssen aussteigen und
vor der Karawane tanzen. Passanten halten inne. Alte Herren,
die sich ein Schattenplätzchen unter einem Baum gönnen, stehen
auf und tanzen mit, andere klatschen im Takt der Musik. Einige
sind erstaunt, wie viele Deutsche durch die Straßen des Dorfes
ziehen und das Tanzbein schwingen.
Nie hätte ich mir ausmalen können, dass meine Hochzeit in der
Türkei ein solch rauschendes Fest werden würde.
Doch jetzt fühlt es sich einfach nur perfekt an. Mit dem Mann an
meiner Seite, den ich mir selbst ausgesucht habe und den ich liebe.
In dem kleinen Dorf, in dem die Wurzeln meiner Familie liegen.
Mit meinen geliebten Eltern, Mama und Papa, die den Festzug
durch die Straßen anführen, stolz und glücklich.

Wie ein hell erleuchteter Schiffsbug ragt der Table-Dance-Club
»Susis Show Bar« in den Beatles-Platz hinein. Am Entree der
Großen Freiheit finden Kiezgänger »das Schärfste, was Hamburg zu bieten hat«, wie die Werbung des Etablissements ver-
spricht.

Genau dort, am 9. November 2011, irgendwann weit nach
Mitternacht und einigen Gläsern Ramazzotti zu viel, verliebte
ich mich in Markus - den Mann, mit dem ich heute verheiratet
bin. Wir kannten uns schon länger, arbeiteten beide nebenbei
als Stadtführer für das St. Pauli Tourist Office – Markus machte

die Tour »St. Pauli Grenzgang« über die Gentrifizierung des Viertels, ich war zuständig für die »St. Pauli Kieztour«.

Durch meine Kindheit auf dem Kiez kannte ich noch einige Türsteher und Barbesitzer entlang der berühmten Meile. Das war wie eine große Familie. Zur Reeperbahn gehört natürlich auch die Herbertstraße. Die interessierte meine weiblichen Tourgäste ganz besonders.

»Dana, können wir da nicht durchgehen?«

»Nee, das lassen wir sein.«

»Bist du da schon mal durchgelaufen?«

»Nein.«

»Warum ...?«

»Ich bin hier aufgewachsen und finde es respektlos. Schließlich ist es ihr Arbeitsbereich. Die Frauen wollen das nicht, und das habe ich zu akzeptieren.«

»Passiert denn etwas, wenn ich trotzdem durchgehe?«

»Kannst du ja mal probieren. Wenn du einen Eimer voll Fäkalien abkriegen willst ...«

Übertrieben, aber damit war die Diskussion meist schnell und mit erschrockenen Augen meiner Tourgäste beendet.

———•———

Immer an einem Mittwoch im Monat schauten wir uns mit den Kollegen vom Tourist Office Locations an, um unsere Gäste besser informieren zu können und auf dem Laufenden zu bleiben. Im Rahmen dieser »Weiterbildungen« durften wir hinter die Kulissen vieler Amüsierlokale blicken, blätterten im Gästebuch eines SM-Clubs und wurden über die Geschichte alteingesessener Seemannskneipen aufgeklärt.

Diesen Monat war ich dran, etwas zu organisieren. So kam ich auf die Idee, den anderen Susis Show Bar einmal von innen zu zeigen. Susi war auch gleich begeistert.

Wir kamen gegen 20 Uhr im Laden an – für den Kiez gefühlt mittags. Susi hatte extra früher aufgeschlossen, um unserem kleinen Kreis eine Kostprobe ihres Showprogramms zu geben. Wir setzten uns um den großen runden Tisch mit einer sich drehenden Tanzfläche in der Mitte. Die Tänzerinnen auf der Bühne gaben wirklich alles (wer schon mal da war, weiß, was ich meine ...). Wir alle waren ausgelassen und wie gebannt von dem, was wir da sahen.

Markus rettete mich vor einem Kollegen, der mich ganz schön anbaggerte – und wir unterhielten uns viel und flirteten wie die Weltmeister. Wann ich an diesem Abend nach Hause gekommen bin? Keine Ahnung.

Am nächsten Morgen saß ich jedenfalls verkatert in der Oper an der Kasse, wo ich zu der Zeit noch arbeitete. Ich lächelte bei der Erinnerung an den schönen Abend, hatte aber für mich die Entscheidung getroffen: Ich brauche keinen neuen Mann in meinem Leben. Oft genug war ich in den letzten Jahren an die falschen Freunde geraten, jetzt war ich 36 und mit meinem Leben zufrieden, so wie es war. Ich konnte mir sogar vorstellen, alleine alt zu werden. Aber Markus schickte mir eine SMS nach der anderen und ließ nicht locker.

Ich machte ihm klar, dass ich keine Lust auf eine Affäre hatte. Aber auch das schreckte ihn nicht ab und er antwortete ganz trocken: »Ich auch nicht!«

Markus war so ein ganz anderer Typ als die Männer, mit denen ich vor ihm zusammen war. Er war cool und trug mich trotzdem auf Händen. Dazu dieser einmalig schräge Humor. Er kannte die ganze Stadt und teilte mit mir die Liebe, verborgene, einsame und verlassene Orte ausfindig zu machen und die Ruhe zwischen den Ruinen ehemals pulsierender Industrieanlagen zu genießen. Schon bald musste ich mir eingestehen: Seine liebevolle, respektvolle Art tat mir – der Stresserin hoch drei – einfach gut.

Und so kam es, dass ich ihn schon vier Wochen später meinen Eltern vorstellte, die inzwischen in die Türkei zurückgezogen waren und mich im Winter immer einige Wochen in Hamburg besuchten.

Das fiel mir nicht leicht. Auch Jahrzehnte nach der Einwanderung nach Deutschland gab es bis dahin keinen deutschen

Mann in unserer türkischen Großfamilie. Auch äußerlich war Markus so alles andere als türkisch: helle Haut, blonde Haare, blaue Augen.

Aber meine Angst war dann völlig unbegründet. Als ich mit meiner Mutter am Tisch saß, das Thema Heiraten aufkam und sie sagte, dass sie die Hoffnung auf Enkelkinder noch nicht aufgegeben hätte, traute ich mich, das Gespräch auf meine neue Liebe zu bringen.

»Wirklich? Das ist doch toll. Ich will ihn kennenlernen, lade ihn mal ein!«

Wie einfach die Dinge manchmal sind. Meine Mutter war ganz verzückt von Markus und auch mein Vater mochte ihn sofort.

———•—•———

Genau ein Jahr nachdem wir in Susis Show Bar zusammengekommen waren, am 9. November 2012, wollte ich Markus einen Antrag machen. Ich hatte zwei kalte Astra, ein Geschirrhandtuch als Tischdecke, Teelichter und ein Feuerzeug eingepackt und lockte ihn runter zu einem Park am Fischmarkt, mit Blick auf den Hafen. Unser Lieblingsplatz in Hamburg. Doch so schön der Abend auch war, ihn zu fragen habe ich mich dann doch nicht getraut.

Einige Tage später saßen wir bei einer Flasche Bier zusammen auf dem Sofa.

»Weißt du was, Markus? Ich wollte dir neulich bei meiner Bier-Überraschung eigentlich eine Frage stellen ...«

Markus grinste. »Ernsthaft? Ich dir auch!«

»Echt? Krass. Dann machen wir das doch einfach.«

Damit war unsere Hochzeit beschlossen.

Und die feierten wir gleich drei Mal!

Am 1. Februar 2013 war unsere standesamtliche Trauung. Ich trug ein brombeerfarbenes Kleid mit einem schwarzen Bolero aus Satin. Im Rathaus von Hamburg-Altona begegneten sich unsere Eltern zum ersten Mal. Bis dahin waren wir uns ziemlich sicher: Die werden sich nicht verstehen. Aber sie waren sofort ein Herz und eine Seele, umarmten sich überschwänglich, und wir standen daneben und staunten.

Den ganzen Tag verbrachten wir mit der Familie, mein Bruder spielte unserer kleinen Runde am Elbufer auf der Gitarre ein herzerwärmendes Lied. Am Abend feierten wir in unserer Stammkneipe »Schlemmer-Eck« am Hamburger Berg. Als wir den rustikalen Laden betraten, jubelten uns als Überraschung etwa dreißig Freunde zu und sangen lautstark »Das Herz von St. Pauli«. Denke ich heute daran zurück, muss ich immer grinsen. Das war mein perfekter Tag.

Eine kirchliche Heirat kam für uns nicht in Frage, aber natürlich wollten wir in Deutschland so richtig mit allen Verwandten und Weggefährten feiern. Während einer Kieznacht erzählten wir unseren Freunden davon. Steffi und Sepp fanden die Idee klasse und schlugen spontan vor: »Wir machen mit, lasst uns eine Doppelhochzeit zelebrieren!«
Die Party fand mit 120 Gästen im Hamburger Süden statt, in der »Tonne« direkt am Veringkanal. Als Überraschung hatte das Organisationskomitee den Wirt des Schlemmer-Ecks, Herbert, engagiert, der die bewegenden Trauworte sprach. Markus und mir gab er diesen Spruch mit auf den gemeinsamen Weg: »Ich liebe dich nicht nur, weil du bist, wie du bist, sondern weil ich bin, wie ich bin, wenn ich bei dir bin.«
Ich im weißen Brautkleid? Konnte ich mir nie vorstellen. Aber für diesen besonderen Tag musste das sein, schließlich trug auch Steffi ein langes weißes Kleid.
Das Kleid habe ich heute noch: A-Linie, mit Herz-Ausschnitt und etwas gepufftem Rock. 460 Euro, es war damals in einem großen Brautmoden-Geschäft gerade im Angebot. So eine Braut wie mich hatten die in dem Laden vorher wahrscheinlich auch noch nicht gehabt: Ich kaufte es wie andere eine Jeans. Im Angebot? Prima. Passt. Nehme ich. Wo ist die Kasse?

»Nelly« ist vollgepackt, die Sitze sind überzogen mit braunen Schonbezügen mit selbst aufgenähten FC-St.-Pauli-Emblemen. Zwischen uns die Mittelkonsole mit dem versteckten Mini-Tresor, die mein Schwiegervater uns für die Reise montiert hatte. Markus steigt ein: »Alles fertig? Ab geht die Fahrt!«

Unsere weiße Nelly war ein VW T4, ein ausgebauter alter Krankenwagen mit Hochdach, den wir kurz vor unserer Hochzeit für 2700 Euro in der Nachbarschaft erstanden hatten. Auf den Namen unseres Autos waren wir durch das Lied »Nelly the Elephant« gekommen, denn der Wagen war wirklich ziemlich groß und saugemütlich. Wir waren aufgebrochen zu einer Osteuropa-Tour, mit einem Zwischenstopp in der Türkei. Denn da sollte am 5. Juli unsere dritte Hochzeitsfeier stattfinden, als traditionelle Feier in Alaattin gemeinsam mit meinen Eltern.

Drei Wochen brauchten wir bis in die Türkei. Es war eine so wunderschöne Fahrt, meist an der Küste entlang. Auf 4-Sterne-Campingplätze wollten wir bewusst verzichten. Zwei Sterne maximal war unser Limit! Und so hatten wir stets entspannte Mitcamper und äußerst nette Gastgeber, lernten viele Gärten und Hinterhöfe kennen. Von Norditalien über Slowenien, Kroatien, Bosnien-Herzegowina, Montenegro, Albanien, Mazedonien, Griechenland bis schließlich nach Alaattin. Über 4000 Kilometer legten wir mit Nelly auf dem Weg zurück.

Wir fühlten uns so frei, verliebt, das Wetter war traumhaft – es war einfach nur herrlich. Und die Liebe zum Campen ist uns bis heute geblieben.

Kaum waren wir bei meinen Eltern angekommen, gingen die Hochzeitsvorbereitungen auch schon los. Statt Einladungen zu verschicken, wurden alle Dorfbewohner über die

Lautsprecher, die an jeder Straßenecke hängen, zu unserer Hochzeit eingeladen. Wenn bei uns einer heiratet, ist jeder willkommen.

In der Türkei gibt es keine Vermählungszeremonie, wie man sie von kirchlichen Trauungen in Deutschland kennt. Trotzdem trägt die Braut ein weißes Kleid – und so kam mein weißes Tüll-Schnäppchen noch mal zum Einsatz. Die 460 Euro waren eine gute Investition.

Der Garten meiner Eltern und alles rund um unser Haus wurde mit Lichterketten und Blumen geschmückt, die Straße davor für Autos gesperrt. 15 Freunde reisten aus Deutschland an, mehr als 1000 Gäste feierten an zwei Tagen mit uns.

Der lange Tisch zieht sich quer durch unseren Garten.
Es gibt Kichererbseneintopf mit Lamm, Reis, Salat, Tzatziki, gefüllte Weinblätter mit Hack, Bulgur und Baklava – süßes Blätterteiggebäck. Der Inhalt in den riesigen Töpfen köchelt über dem Feuer, seit dem Nachmittag kommen die Dorfbewohner nach und nach zum Essen. Für das Festmahl hat mein Vater vier Köche engagiert, die schon Tage vorher mit den Vorbereitungen begonnen hatten. Heute morgen haben sie fürs Fest ein Rind und zwei Lämmer geschlachtet.

Mein Papa winkt Markus zu und ruft ihn zu sich und seinen Freunden.
»Markus, das ist Bürgermeister, nächste Stadt.«
Der Bürgermeister im festlichen Anzug schenkt Markus ein Glas Raki ein.
»Şerefe – Prost!«
»Und das ist Polizeichef«, sagt Papa.
Natürlich stößt Markus auch mit dem an.

Diese Szene wiederholt sich den ganzen Abend unzählige Male, bis es gefühlt niemanden mehr im Dorf – und den Nachbardörfern – gibt, mit dem Markus nicht angestoßen hat. Und dabei mag er gar keinen Raki.

Natürlich feiern wir am Abend auch die traditionelle Geschenkezeremonie, bei der uns beiden Gold und Geld angesteckt werden. Dabei hat Markus echte Probleme, aufrecht zu stehen ...

Bis zum Morgen tanzen wir durch, nach den zwei Tagen habe ich Muskelkater in den Armen und sogar im Gesicht, vom vielen Lachen.

Noch heute sprechen viele der über 2000 Einwohner des Dorfes von dieser wunderbaren Feier, und ich glaube, wir haben mit diesem Fest einiges zur Völkerverständigung beigetragen.

Ein paar Tage mussten wir uns erst einmal erholen, bevor wir wieder in unsere Nelly stiegen und die Reise fortsetzten. Nun ging es nach Bulgarien, Rumänien, die Ukraine, Polen, Litauen, Lettland und Estland.

Alle Länder waren faszinierend, ein ganz besonderes Erlebnis hatten wir in Rumänien. Markus wollte unbedingt die berühmte Passstraße »Transfăgărășan« überqueren.

»Nee, Markus, ich komme auf keinen Fall mit. Die Serpentinen mit Nelly? Nee, danke. Das brauche ich mit meiner Höhenangst wirklich nicht.«

»Also, ich will auf jeden Fall diese Straße rauffahren. Guck doch mal, ob du am Fuße der Berge einen Campingplatz findest, wo du dann auf mich warten kannst.«

»Okay, ich habe einen gefunden. Dann setz mich da mal ab.« Markus fuhr mit Nelly also los. Ich machte es mir mit meinem Buch unter einem großen Walnussbaum gemütlich. Die Betreiber des Hofes hatten ein paar Stellplätze für Camper eingerichtet. Ich war der einzige Gast und beobachtete die Familie, wie sie in geselliger Runde, die immer größer wurde, an einer langen gedeckten Tafel saß und sich sichtlich amüsierte.

Bier und Wein flossen jedenfalls reichlich. Ich genoss meinen Aufenthalt – bis ich eine SMS von Markus bekam:

»Habe eine Panne. ADAC ist gerufen, weiß nicht, wie lange das dauert.«

»Ist nicht dein Ernst? Hattest du einen Unfall? Geht es dir gut? Wo bist du ungefähr? Sag mir Bescheid, wie es weitergeht.«

»Bin beim ersten Rastplatz. Motor ging nach dem Stopp nicht mehr an. Ich melde mich.«

Nach zwei Stunden dann eine neue SMS:

»Ich glaube das wird nichts heute. Der ADAC hat angerufen. Das wird lange dauern, bis sie kommen. Organisiere dir ein Bett.«

Ich hatte keinen Cent bei mir, nur das Buch und mein Handy. Und was war, wenn auch der ADAC Nelly nicht zum Bauernhof bringen konnte? Ich musste zu Markus!

So ging ich zur Wirtin und versuchte mit Körper- und Zeichensprache meine Situation zu erklären. Keine Ahnung, was sie verstanden hatte, aber sie rief zur Tafel rüber und zwei Männer standen auf. Sie nickten mir zu und gaben mir zu verstehen, ihnen zum Auto zu folgen. In dem Moment hasste ich meinen Mann. Was hatte er mir da eingebrockt?! Die Typen rochen wie eine ganze Kneipe und wollten mit mir nun die Serpentinen hochfahren!

Ich nahm auf der Rückbank des Pritschenwagens Platz und wir fuhren los. In welchen Film war ich hier bloß reingeraten? Mein mulmiges Gefühl verstärkte sich noch, als ich unter dem Beifahrersitz eine Motorsäge entdeckte. Ich war mitten in der Walachei, in einem Auto mit zwei besoffenen Typen, die Serpentinen vor uns, die Motorsäge unter dem Sitz und kein Mensch weit und breit. In meinem Kopf spielten sich die wildesten Szenen ab …

Aber nach etwa vierzig Minuten und vielen engen Kurven sah ich Nelly am Wegesrand. Und dann entdeckte ich auch Markus. Puh, war ich erleichtert. Die Männer setzten mich nicht nur ab, sondern guckten sich auch noch den Motor an. Dann holten sie einen Hammer aus ihrem Wagen, schlugen damit zweimal kräftig gegen den Anlasser – und siehe da: Nellys Motor sprang wieder an! Markus und ich waren komplett baff. Dabei hatte ich so schlecht über die beiden Männer gedacht. Das war mir jetzt echt unangenehm. Nicht mal Geld als Dank wollten sie von uns annehmen. Über das ausgegebene Bier im Lokal des Rastplatzes freuten sie sich dann aber doch.

Nach zwölf Wochen war unsere fantastische Flitterwochenzeit mit Nelly vorüber und mit der Fähre ging es von Liepāja in Lettland zurück nach Travemünde.

Schon von unterwegs machte ich einen Termin bei meinem Frauenarzt, Markus und ich waren uns einig: Wenn wir eine Familie gründen wollten, sollten wir uns nicht mehr allzu lange Zeit lassen. Schließlich war ich schon 38.

Tja, und schnell ging es dann wirklich. Schon einen Monat nach unserer Rückkehr hielt ich den positiven Schwangerschaftstest in der Hand. Bingo!

Ich legte in den kommenden neun Monaten ordentlich zu – von 69 auf fast 100 Kilo! Aber das störte mich nicht: Ich freute mich so sehr darauf, Mama zu werden. Als dieses kleine Bündel Mensch dann mit seinen 3690 Gramm in meinen Armen lag, spürte ich die Verantwortung, die ich von nun an nicht mehr nur für mich, sondern auch für unseren Sohn Noyan trug. Mich erfüllte ein unglaublich starkes Gefühl von Liebe.

Doch trotz dieser wahnsinnigen Liebe fiel es mir anfangs sehr schwer, mit der neuen Rolle als Mama klarzukommen. Noyan kannte keine Kompromisse. Er forderte – und das völlig zu Recht. Das Baby bestimmte mein Leben und daran musste ich mich erst gewöhnen. Arbeiten, einkaufen, duschen – mit Kind wurden die einfachsten Sachen zur Herausforderung. Natürlich war ich glücklich. Aber warum hatte mir niemand zuvor gesagt, wie sehr man eingeschränkt ist, wenn das Baby da ist? Über die Zeit als Schwangere und die Geburt berichteten doch auch alle.

War ich etwa die einzige, die so darunter litt? Die Mütter um mich herum konnten zwar mein Leid teilen, aber das Gefühl des Eingesperrtseins hatten sie nicht. Ich fing an, die Tage zu zählen, bis Noyan größer und selbstständiger werden würde.

Ein zweites Kind wollten Markus und ich immer. Nun aber, nachdem ich nach Noyans Geburt regelrecht in eine Depression gefallen war, brauchte ich für das zweite Kind die Unterstützung von Markus. Damit ich wieder arbeiten konnte (das wollte ich nämlich unbedingt) versprach er mir, mindestestens zehn Monate Elternzeit zu nehmen.

Keine zwei Jahre nach Noyan kam unsere zauberhafte Tochter Lale auf die Welt. Markus tat, was er versprochen hatte. Und so nutzte ich die Möglichkeit, das Klamottensen erneut zu eröffnen. Noyan war zu der Zeit zwei Jahre und Lale sechs Monate alt.

Doch schon nach kurzer Zeit merkte ich: Mir fehlten die Kinder. Ich wurde weder dem Laden noch den beiden gerecht. Das war die Lektion, die ich damals brauchte. Ich sah ein, dass ich noch früh genug in die Arbeitswelt zurückkehren konnte und die Zeit mit den Kleinen einfach genießen musste. Denn die würde ich nicht nachholen können. Praktischerweise fragte mich eine Freundin genau zu der Zeit, ob sie den Laden übernehmen könne, wenn ich mal keine Lust mehr hätte. Und so gab ich mein Klamottensen an sie in gute Hände ab.

———————— • — ————————

Obwohl unsere Kinder in Deutschland aufwachsen, vermitteln wir ihnen beide Kulturen. Und so feiern sie vier große Feste im Jahr: Weihnachten, Ostern, Ramadan und das Schächtfest. Aber Familientreffen gibt es bei uns nicht nur zu den Feiertagen. Wir nutzen jede Möglichkeit, uns mit der weiteren Familie zu treffen. Sei es zum Brunchen, zum Ausflug oder zum Essen. Die Cousinen und Cousins sollen wie Geschwister aufwachsen. Das fand ich schon in meiner Kindheit toll. Darüber hinaus ist es mir wichtig, ihnen ein Verständnis für die Vielfalt des Lebens mitzugeben, Toleranz und die

Kraft, für sich selbst Verantwortung zu übernehmen. Herkunft, Geschlecht, Aussehen sollen bei der Meinungsbildung keine Rolle spielen. Markus und ich versuchen das jeden Tag vorzuleben. Neugierig, offen und mutig zu sein hilft dabei sehr.

Fragen nach Gott und Allah sind von den Kindern noch nicht gekommen, aber wir werden ihnen die ethischen Grundsätze auch ohne eine Zugehörigkeit zu einer Religionsgemeinschaft vermitteln. Mein größter Wunsch ist es, dass sie von klein auf beide Kulturen als eine Bereicherung verstehen und sie wie selbstverständlich weitergeben.

———— •●• ————

Markus, Danas Mann:
»Natürlich erinnere ich mich noch gut an den Abend, als Dana und ich uns näherkamen.
Sie hatte für uns Tourguides vom St. Pauli Tourist Office einen Abend in Susis Show Bar organisiert, quasi als ›Fortbildung‹, weil wir Stadtteilführer ja regelmäßig von unseren Gästen zu den Etablissements befragt wurden. Vorher trafen wir uns bei Wirt Herbert im Schlemmer-Eck auf ein Bier, und schon da merkte ich, wie wohl ich mich in ihrer Gegenwart fühlte. Der Abend in der Showbar war einfach grandios. Und irgendwann zeigte die Tänzerin auf Dana und bat sie auf die Bühne. Dana bestand zwar darauf, ihre Sachen anzubehalten, stieg aber mit der Stripperin auf den Drehteller und meisterte die Situation extrem cool. Als sie von der Bühne runterkam, fragte ich sie: ›Darf ich dich küssen?‹ Schließlich war da auch noch ein anderer Kollege, der schon den ganzen Abend mit Dana flirtete, dem wollte ich zuvorkommen.

Vor Dana hatte ich kaum türkische Freunde. Klar, in der Schule und im Fußballverein hatte ich auch türkische Kumpel. Aber richtig tief in die türkische Kultur eingetaucht war ich vor Dana noch nicht. Ich begriff schnell, dass mit ihr auch gleich eine ganze Großfamilie mit im Boot saß.

*Aus Sicht von Danas Eltern war ich allerdings höchstens
vierte Wahl.*

Erste Wahl: ein türkischer Mann aus Alaattin.

Zweite Wahl: ein türkischer Mann, der in der Türkei lebt.

Dritte Wahl: ein türkischer Mann, der in Deutschland lebt.

*Und ich? Kam in deren Gedankenwelt gar nicht vor und sehe
mit meinen blonden Haaren nicht mal türkisch aus.*

*Deswegen zögerte Dana auch, mich ihren Eltern Muzzafer und
Ömer vorzustellen, die schon wenige Wochen nach unserem
Kennenlernen für ihren jährlichen Aufenthalt aus der Türkei
anreisten. Vor deren Ankunft gab's erstmal 'ne ordentliche De-
batte. Zur Beratung trafen wir uns mit ihrer Schwester Dönay,
ihrem Bruder Ümit und einer Cousine in einem Café auf St.
Pauli. Da wurde sehr laut und lebhaft und zum großen Teil auf
Türkisch diskutiert, wie ich denn nun Danas Eltern vorgestellt
werden sollte. Ich verstand immerhin so viel, dass das Komitee
der Meinung war, ich solle am besten mal zum Essen vorbei-
kommen.*

*Ein seriöser erster Eindruck kann ja nicht schaden, dachte ich
mir, und erschien in meinem Büroanzug und Krawatte zum
türkischen Abendbrot in Danas Wohnung. Zur Unterstützung
waren auch Dönay und Ümit dabei. Ich ging dem Abend ohne irgendwelche Vorurteile und eigentlich ganz entspannt entgegen.
Und selbst wenn ich doch ein kleines bisschen aufgeregt war –
schon nach den ersten paar Minuten war jegliche Anspannung
verflogen. Da war einfach sofort Sympathie auf beiden Seiten.
Und an diesem Abend gingen alle erleichtert und glücklich ins
Bett – ich natürlich in mein eigenes. Denn auch wenn Dana 36
und ich 38 Jahre alt waren und wir nur drei Busstationen aus-
einander lebten – jetzt, wo ihre Eltern aus der Türkei da waren,
war es völlig ausgeschlossen, dass wir zusammen in einer Wohnung übernachteten. Und das respektierte ich natürlich.*

*Durch Danas Eltern habe ich viel über die Generation der
Gastarbeiter gelernt. Und großen Respekt vor dem, was meine*

Schwiegereltern sich mit viel Fleiß und Disziplin unter schwierigsten Bedingungen aufgebaut haben. Als sie nach Deutschland kamen, hatten sie wirklich gar nichts. Alles hinter sich zu lassen, sogar noch die Hochzeitskette für ein Busticket zu verkaufen – dazu gehört schon eine große Portion Mut. Und den bewundere ich.

Was ich auch gelernt habe: Ein Esstisch kann gar nicht groß genug sein! Denn in einer türkischen Familie wird jede Mahlzeit zelebriert und das gerne gemeinsam, ausgiebig und mit vielen Gästen! So ein Gewusel, wie in Danas Familie immer herrscht, kannte ich aus meiner Kindheit gar nicht. Und diese fröhliche Geselligkeit sehe ich als absolute Bereicherung in meinem Leben.

Unsere Eltern haben sich bei unserer standesamtlichen Trauung zum ersten Mal gesehen – und meine Mama nahm Muzzafer gleich ganz fest in den Arm. Da liefen bei uns allen die Tränen. Das Eis war schon mal gebrochen.

Die Hochzeitsfeier in der Türkei toppte wirklich alles, was ich bis dahin in meinem Leben erlebt hatte – und das war nicht wenig.

Es fing schon damit an, dass wir am Haus von Danas Eltern in Alaattin auf der Terrasse beim Frühstück saßen und ich auf einmal über die Lautsprecher an den Straßenlaternen meinen Namen hörte. Den Rest habe ich nicht verstanden – war ja alles auf Türkisch. ›Was erzählt der da, das war doch mein Name!?‹, fragte ich Dana erstaunt.

›Dass du morgen heiratest und alle einlädst, mit uns zu feiern!‹

Ach so. Na, das wird ja lustig, dachte ich und war sehr gespannt, was uns erwartete.

Am Tag der Hochzeit hielt frühmorgens ein großer LKW vor dem Haus und lud Hunderte gestapelte Hocker ab. Die Straße, die ich als die Lebensader Alaattins einstufte, wurde einfach mal mit den Hockern gesperrt – schließlich sollte dort ja später gefeiert werden.

Einen deutschen Bräutigam hatte das Dorf vor mir noch nie gesehen. Viele Dorfbewohner und unsere deutschen Freunde *teilten sich die extra planierte Gartenfläche und alle tanzten gemeinsam bis in den Morgen. Zwischendurch stellte mir mein Schwiegervater alle wichtigen Männer aus Alaattin und den Nachbargemeinden vor, und ich war ständig nur am Zuprosten, Anstoßen und Raki trinken. Wenn ich heute irgendwo in der Westtürkei zwischen Antalya, Bodrum und Izmir in eine Polizeikontrolle geriete, ich müsste nur den Namen eines damals anwesenden Bürgermeisters, Polizeichefs oder Richters nennen und würde – unabhängig von meinem Vergehen – mit besten Wünschen und einer Eskorte zu meinem Reiseziel begleitet werden.*

Tatsächlich gab es auf unserer Feier auch einige überraschende Begegnungen: So traf mein Freund Sepp zufällig einen türkisch-deutschen Arbeitskollegen aus dem Hamburger Uni-Krankenhaus. Und als unsere Freundin Maike auf der Straße eine Gruppe herumlungernder Jugendlicher passierte, zeigte einer von ihnen auf sie und rief: ›Das ist meine Englischlehrerin!‹ Ja, viele türkischstämmige Hamburger haben ihre Wurzeln in Alaattin.

Ob mich Danas Erfolg überrascht hat? Eigentlich nicht. Denn sie war schon immer mutig und zielstrebig. Wenn sie was anpackt, dann richtig. Dass sie dann allerdings mit einem Rezeptbuch so durch die Decke geht – damit habe auch ich natürlich nicht gerechnet.

Wenn ich Dana in drei Worten beschreiben müsste? Warmherzig. Zielstrebig. Hilfsbereit.«

———— • • ————

Kapitel 8 beginnt auf Seite 105

MEIN
FOTOALBUM
1975-2014

Mein erstes Foto!

Familienausflug im
Öjendorfer Park:

Mit drei Monaten,
im August 1975.

Hier bin ich drei Jahre alt.
Das Auto ist Papas erster
Ford. Davor fuhren meine
Eltern einen VW Käfer.

Alaattin 1981:

Ich bin das Kind
vorne rechts,
halte Händchen
mit Mama und
Emine. Wir sind
im Urlaub bei
der Familie.
Zwei Jahre,
bevor meine
Eltern mich für
vier Jahre bei
meinen Groß-
eltern ließen.

Mit fünf Jahren in
Pamukkale, bei den
weltbekannten Kalk-
terrassen, nicht weit
von Alaattin entfernt.

Spaß mit Wassermelonen und Grimassen:

In unserer Hamburger Wohnung 1982.
Mama zwischen mir (links), Gülhan und
Dönay (hinten) und Emine.

Alle Kleider, die wir auf dem Bild tragen,
hatte Mama genäht.

1983 in Hamburg. Neben Papa und
Mama steht meine Schwester Emine,
davor ich mit meinen Geschwistern
Gülhan und Dönay.

Das Foto
meines tür-
kischen Passes.
Den deutschen
bekam ich
erst 2003.

Meine Schwester
Dönay (links) und ich
1984 im mobilen Foto-
studio bei Karstadt in
der Mönckebergstraße.

Planschen im
Hundebecken:
Ich (im gestreiften
Badeanzug) mit Mama
(links) und meinem
kleinen Bruder im
Walter-Möller-Park
in St. Pauli.

Auch die Nachbars-
kinder aus der Tal-
straße sind mit dabei.

1985: Ich feiere meinen
zehnten Geburtstag mit
drei Freundinnen in der
Türkei.
Als Geschenk gibt es von
jeder eine Packung Taschen-
tücher. Das war damals
so üblich, für mehr hat
das Geld nicht gereicht.
Aber ich habe mich
trotzdem darüber gefreut!

Meine Zulassung für die
Prüfung für das technische
Gymnasium, kurz bevor
ich nach Deutschland
zurückkehrte.

Auf dem Foto trage ich die
türkische Schuluniform.

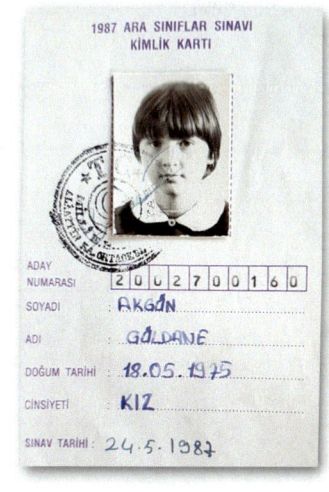

Auf dem Tabakfeld:

Etwa im Jahr 1967:
Papa (kniend) als
24-Jähriger mit
zweien seiner Brüder
Abdullah und Mevlüt.

Vielleicht kamen
sie gerade von einer
Feier, normalerwei-
se waren sie bei der
Feldarbeit anders
gekleidet.

Mein Papa (links) 1974 mit seinem
Bruder Mevlüt. Beide bringen ihren
Vater Ali gerade zum Arzt.
Im selben Jahr ist Opa leider verstorben.

Meine Omas Halime (links) und Fatmana
mit ihrem Sohn Abdullah:

Die bunten Hemden und Röcke wurden
immer selbst genäht und die Westen in
den Wintermonaten gestickt.

Mein Opa Salih, der Bürgermeister ...

... oben mit seiner Frau
Fatmana.
Das Bild haben sie
extra in einem Studio
machen lassen.

Rechts mit seinen
Angestellten vor dem
Rathaus in Alaattin.

Mama und Papa Anfang der 70er-Jahre:
Die Fotos für ihre ersten Reisepässe.

Glücklich:

Papa machte
seine Arbeit
bei der Post
wirklich Spaß,
hier ein Foto
Mitte der 70er.

Mustermix:

Mama mit mei-
nen Schwestern
Gülhan (in der
Mitte) und Emine
in unserer ersten
eigenen Wohnung
in der Paulinen-
straße, etwa 1973.

Die Terrassenhäuser in der Talstraße:

Die Fenster vorne im ersten Stock
gehörten zu unserer Wohnung.
Mittlerweile sind die Häuser alle abgerissen.

Mit meiner Freun-
din Tine 1997 in
der »Linde«.

Da war ich schon
Geschäftsführerin
und für dreißig
Mitarbeiter
verantwortlich.

Studentenzeit:
mit 24 Jahren in
Osnabrück.

Bis zu dem Tod
meiner Schwester
trug ich Konfektions-
größe 36/38.

2007 vor
meinem Laden
»Klamottensen«
in Ottensen.

Die Puppe
wurde jeden
Morgen nach
draußen ge-
tragen.

Meine Schwester Emine ...

... als Teenager auf
einem Schulfoto.

... mit mir – zwei Jahre,
bevor sie die Diagnose
Leukämie bekam.

Markus und ich im Standesamt vom Altonaer Rathaus am 1. Februar 2013.

Doppelhochzeit: mit unseren Freunden Steffi und Sepp am 1. Juni 2013 vor unserer Party-Location in Wilhelmsburg.

Einfach nur glücklich:

Markus und ich auf dem Weg zu unserer Feier in Alaattin am 5. Juli 2013.

Mit unseren Freunden aus Deutschland
bei unserer Hochzeitsfeier in Alaattin.

Feiernder Bräutigam: Markus vor der Hochzeits-
karawane bei einem seiner vielen Tanzeinsätze.

Markus in
seinem Element:
tanzend durch
die Straßen
von Alaattin.

Die Tante meiner Mutter bewirft die
»Hochzeitskutsche« mit Weizen, als Symbol
dafür, dass uns nie das Essen ausgehen soll.

Während der
Flitterwochen–
Rundreise in
Rumänien:
Dieser Gärtner
war einer der
Männer, die
Markus und
unser Wohnmobil
Nelly (hinter
uns) retteten.

Unsere etwas andere Babykarte zu Noyans
Geburt: »Der Braten ist aus der Röhre!«

8.
Die Geburt der Wölkchenbäckerei und das Geheimnis der Haferkleie

»Hier, probier mal!«
»Was ist das jetzt?«
»Sieht man doch: ein Brötchen. Ganz ohne Mehl und mit nur ganz wenig Kalorien.«
»Okay. Sieht komisch aus.«
»Ich kann Pumpernickel nicht mehr sehen. Mein erstes Brötchen-Experiment. Und wie schmeckt es dir?«
»Naja, geht so,« sagt Markus und legt den angebissenen gelben Fladen auf die Küchentheke.
Dann probiere ich.
»Boah, wie hast du das bloß runtergekriegt?« Ich spucke ihn aus und werfe gleich alle sechs Fladen mit in den Mülleimer.
Mein erstes Experiment mit zerkleinertem Mais, Flohsamenschalen und Eiern war ein Megaflop.
Aber was sollte ich bloß statt Mehl nehmen?

Würstchen und Kartoffelsalat, Ente mit Klößen, Dominosteine, Spekulatius und Stollen. Über die Weihnachtstage hatte ich kaum eine Kalorienbombe ausgelassen. Meine alten Hosen passten schon lange nicht mehr, auch wenn sie immer noch in meinem Kleiderschrank hingen. Inzwischen war ich bei Kleidergröße 44/46. Am 1. Januar 2018 war ich einfach nur noch genervt, hatte die Nase voll von zwickenden Klamotten und meinem Gewicht.

Bis zu meinem 33. Lebensjahr war das nie ein Thema. Ich trug bei einer Größe von 1,72 Meter Kleidergröße 36/38 und machte mir null Gedanken übers Abnehmen. Erst nach dem Tod meiner Schwester Emine geriet mein Leben im wahrsten Sinne »aus dem Gleichgewicht«.

Die Waage zeigte 92 Kilo und ich wollte endlich meine alte

Figur zurück! Nach den Geburten unserer Kinder ging es mir wie vielen Müttern: Ich nahm in beiden Schwangerschaften ordentlich zu und 25 zusätzliche Kilo trug ich immer noch mit mir rum – dabei war unsere Tochter inzwischen schon fast zwei Jahre alt.

Beim Neujahrsfrühstück biss ich statt ins Weißmehl-Brötchen in ein Pumpernickel mit magerem Frischkäse, Putenbrust und Frühlingszwiebeln. Mein Entschluss stand fest: Was ich seit der Geburt unserer zwei Kinder über die vergangenen Jahre angefuttert hatte, musste endlich wieder weg! Aber wie sollte ich das bloß ohne mein geliebtes Gebäck schaffen?

Low Carb, Eier-Diät, Eiweiß-Shakes, Intervallfasten, FdH. Bestimmt zehn Diäten probierte ich aus – keine hielt ich lange durch. Der Grund war immer derselbe: Mir fehlten mein geliebtes Schwarzbrot, die knusprigen Brötchen beim gemütlichen Familienfrühstück am Wochenende – und auch auf Süßes konnte und wollte ich nicht komplett verzichten. Wie schaffe ich es bloß, die 25 Kilo loszuwerden, wenn keine Diät so richtig zu mir passt? Darauf gab es eigentlich nur eine logische Antwort: Ich musste meine eigene Diät entwickeln. Und zwar m i t Brot und Kuchen. Eine, bei der ich immer alles essen konnte, ganz ohne Verzicht. Genau das wurde einem ja bei vielen verschiedenen Diäten versprochen, aber Verzicht ist nun mal doch überall dabei.

Intervallfasten hieß: abends beim Fernsehen nichts mehr knabbern. Füße hoch, Feierabend und keinen kleinen Snack dazu? Das war keine Option.

Low Carb hieß: kein Getreide. Brot aus Saaten, Nüssen und Quark. Funktionierte auch nicht. Denn das schmeckte mir einfach auf Dauer nicht, mir fehlten die Kruste und der Duft von Getreide.

FdH: Na, da musste ich auf die Hälfte von allem verzichten. Dann lieber satt essen mit gesunden Alternativen.

Ich möchte diese Ernährungsweisen keinesfalls schlecht reden. Ihre Wirksamkeiten sind wissenschaftlich belegt und sie tun dem Körper gut. Aber ich wollte keine Crash-Diät mehr machen. Eine Zeit lang verzichtete ich auf Brot und Kuchen und nahm dabei sogar richtig gut ab. Aber ich konnte diese heftige Umstellung einfach nicht lange durchziehen. Da musste nur mal eine Geburtstagsfeier, Hormonschwankung oder ein Frühstücksbuffet in einem Hotel dazwischenkommen – und schwupps, eine Ausnahme mit einem Brot oder Brötchen – und ich war schon wieder raus aus meinem Ernährungskonzept.

Da ich mit der mediterranen Küche und viel Gemüse aufgewachsen bin, fiel mir das Kochen mit wenig Kalorien überhaupt nicht schwer. Einfach etwas weniger Olivenöl und fertig war die Laube. Aber das Brot zum Tunken in die Soße, zum Befüllen, Belegen, es einfach so essen – das fehlte mir.

Warum machte mich Brot und Kuchen überhaupt dick? Ich versuchte zu begreifen, was das Weißmehl in meinem Körper anstellte, warum es mir nicht gut tat. Denn eigentlich steckt im Mehl ja weder Fett noch Zucker. Also setzte ich mich an meinen Computer und las alles, was ich finden konnte über Verstoffwechselung, Blutzuckerspiegel, Cholesterin …

Ich sollte also zukünftig mehr Eiweiß, gute Fette und gute Kohlenhydrate zu mir nehmen. Sie sind die für den Zellaufbau wichtigen Hauptenergieträger. Nicht zu viel Fett und nicht zu viel Einfachzucker. Was Einfachzucker ist? Einfachzucker sind zum Beispiel Glucose, Fruchtzucker oder auch Weißmehl. Also Kohlenhydrate, die im Darm sofort in Energie umgewandelt werden. Aber isst man zu viel davon, verwandelt der Körper durch die vermehrte Insulinausschüttung den Zucker in Fett, damit der Blutzuckerspiegel wieder sinkt. Eigentlich ganz clever von unserem Organismus, denn ein erhöhter Blutzuckerspiegel schadet auf Dauer den Organen. Dafür baut der Körper dann aber ein Fettdepot auf.

Auf der anderen Seite gibt es die Mehrfachzucker. Um sie zu verarbeiten, braucht der Körper länger, dadurch steigt auch der Blutzuckerspiegel nur ganz langsam an. Weitere positive Effekte: Dieser Zucker wird nicht in Fett umgewandelt, er macht lange satt und enthält viele Ballaststoffe. Und diese wiederum beeinflussen unsere Verdauung positiv, können sogar unseren schlechten Cholesterinwert senken. Da die Ballaststoffe nahezu unverdaut ausgeschieden werden, machen sie uns auch nicht dick.

Und dann gibt es noch die Proteine, auf die ja auch die Low-Carb-Diät setzt. Sie versorgen unseren Körper mit wichtigen Aminosäuren, und die sind zuständig für das Wachstum und den Erhalt unserer Zellen. Eine weitere gute Eigenschaft der Nahrungsproteine ist, dass der Körper für ihre Verdauung mehr Energie aufwenden muss als bei Fett und Kohlenhydraten.

Ganz ohne Fett machte eine Ernährungsumstellung keinen Sinn, lernte ich. Fette sind essenziell für den gesamten Zellaufbau. Wichtig war nur, auf die richtigen zu setzen. Und zu denen zählen vor allem die wertvollen mehrfach ungesättigten Fettsäuren, wie Lein- oder Fischöl. Diese beeinflussen unseren Fettstoffwechsel positiv und können den Cholesterinspiegel regulieren. Auch Oliven- und Rapsöl sind mit einfach ungesättigten Fettsäuren ein guter Zuspieler für ein gesundes Herz-Kreislauf-System. Da sie aber massig Kalorien haben, war ich mir nicht sicher, wie viel davon ich für meine Rezepte nehmen sollte. Reichten die eigenen Fette in den Zutaten selbst? Schließlich ist beispielsweise Hafer von Natur aus fetthaltig. Und Olivenöl nutzte ich bereits täglich in Maßen für meine Kochgerichte.

So viel hatte ich also schon mal herausgefunden. Was also waren die potenziellen Alternativen zum Weißmehl, mit denen ich zukünftig backen konnte?

Ich fing an zu experimentieren. Gleich mein erster Brötchen-Versuch mit zerkleinertem Mais, also Maismus, und Eiern ging in die Hose. Die Konsistenz war furchtbar, vom Geschmack mal ganz zu schweigen. Ich brauchte als Zutat unbedingt ein Getreide, das gesund ist, aber gleichzeitig auch für den typischen Brotgeschmack sorgte. Vollkornmehl und Kleie – das war's! Meine Rettung! Diese Zutaten waren die ballaststoffreichsten Bestandteile des Getreides, enthielten die guten Kohlenhydrate. Aber würde ich damit backen können?

Auch einen Kuchen? Haferkleie kannte ich schon, damit hatte ich Jahre zuvor meinen Cholesterinspiegel unter Kontrolle bekommen. Bingo. Haferkleie war hell wie Weißmehl, schmeckte nussig und war von der Konsistenz her auch super als Mehlersatz, dachte ich mir.

Doch was passte als Zutat noch dazu? Ich brauchte zusätzlich etwas fürs Volumen – und kam auf Magerquark: Proteinreich und arm an Kalorien. Perfekt! Zusammen mit Eiern müsste das funktionieren. Ballaststoff- und proteinreich, vielleicht sogar ohne zusätzliche Fette – mein Erfindergeist war geweckt.

Parallel meldete ich mich bei einer großen Abnehm-Community an. Was mir dort gefiel, war, dass ich ein bestimmtes Punktebudget für den Tag bekam, das ich mir einteilen konnte. Und mit Sport konnte ich mir sogar noch Bonuspunkte erarbeiten. Im Rahmen meines Budgets versuchte ich, eigene Rezepte zu erstellen. Je punkteärmer, desto besser! Denn herkömmliches Brot oder Gebäck hätte mein Punktekonto sofort gesprengt. Und damit begann meine »#experimentierküche«, unter deren Namen ich von nun an in der Abnehm-Community postete.

Ich ging in den Supermarkt um die Ecke und kaufte die Zutaten für die ersten Rezepte, die ich mir ausdachte. Während die Kinder in der Kita waren, probierte ich in unserer sechs Quadratmeter kleinen Küche einfach mal aus: Wie viel brauchte ich wovon, welche Konsistenz war gut, welche Temperatur richtig?

Nach den missglückten Maisbrötchen teilte ich stolz mein erstes gelungenes Rezept für einen kalorienarmen Zebrakuchen mit der Abnehm-Community. Tatsächlich bekam ich prompt einige positive Rückmeldungen. Wie cool! Anscheinend machte ich mit meinen Rezepten auch andere glücklich. Eine Alternative für leckere Brötchen zu finden war eine echte Herausforderung. Nach bestimmt zwanzig Versuchen hatte ich endlich die perfekte Formel gefunden! Punktearm, kalorienarm, sättigend. Meine ersten selbst kreierten Brötchen waren echte Kraftpakete. Und schon hatten sie auch einen Namen: Kraftbrötchen! Noch heute gehören sie zu den beliebtesten Rezepten meiner Nachbäckerinnen und Nachbäcker. Je mehr Rückmeldungen ich bekam, desto mehr stieg meine Motivation, die Rezepte zu teilen. Jetzt war ich voller Tatendrang, weitere Rezepte für mich und die Community zu erstellen und zu posten. Und natürlich gehörte zu jedem Post auch ein Bild. Dabei half mir, dass das Fotografieren immer schon mein Hobby war.

»Wartet mal kurz, ich muss das doch noch fotografieren.«

»Ist nicht dein Ernst. Jetzt? Das Essen wird kalt.«

Meine Pizza war richtig gut geworden. Sie hatte wenig Punkte, wenig Kalorien und machte satt. Das Beste allerdings: sie schmeckte. Die musste ich doch vor dem Anschneiden unbedingt noch fotografieren und mit meinen Leidensgenossinnen teilen!

Armer Markus. Sein Magen knurrte und er bekam die Pizza auch noch kalt serviert.

————— • —————

Die Zahl meiner Follower auf der Plattform der Abnehm-Community war innerhalb von zwei Monaten schon auf 3000 gestiegen. Wahnsinn. Und nach jedem Rezept wurden es mehr. Mit der Zeit fragten mich immer mehr meiner Follower, warum ich noch keinen eigenen Instagram-Account hätte. Bis dahin hatten mich die sozialen Medien nicht sonderlich interessiert. Aber jetzt war es an der Zeit, mich dort anzumelden. So konnte ich auch außerhalb meiner Mitgliedschaft weiter meine Rezepte posten und mich direkt mit anderen austauschen. Mir fehlte nur noch ein Name. In der Abnehm-Community hatte ich mich »Danailama« genannt. Ziemlich bescheuert, aber Gott sei Dank konnte ich ihn für Instagram nicht verwenden, denn vor mir hatte sich tatsächlich schon jemand mit genau diesem Namen angemeldet. Also musste ein neuer Name her. Er sollte Leichtigkeit ausdrücken, luftig klingen, mit Backen zu tun haben. Watte? Schaum? Luft? Brise? Wolke? Ja, das war's. Irgendwas mit Wolke ... Und dann hatte ich's! Die Wölkchenbäckerei war geboren. Doch die sozialen Medien verlangten schon bei der Anmeldung ein Profilbild. Da ich mich zu dem Zeitpunkt noch nicht persönlich zeigen wollte, brauchte ich statt einem Foto noch ein Logo.

Ich nahm ein Blatt Papier, das gerade rumlag. Dann begann ich mit den Wachsmalern meiner Kinder eine Wolke zu zeichnen und setzte ihr eine Kirsche oben drauf. Ach wie toll, sah ja gar nicht so schlecht aus!

Am 19. März 2018 postete ich zum ersten Mal auf meinem eigenen Insta-Account. Wow, ich hatte gleich zum Start schon einige hundert Abonnenten! Meine Möhrentorte kam also auch gut an. Geraspelte Möhren, Apfelmus, Bananenmus – nach einigen Versuchen stellte ich fest, dass sich diese Zutaten ideal für einen saftigen, süßen Kuchen ganz ohne Fett eigneten. Sobald ein neues Rezept geglückt war, postete ich es von jetzt an nicht nur in der Abnehm-Community, sondern parallel auch bei Instagram und Facebook. Die passenden Schlagwörter, die sogenannten #Hashtags, guckte ich mir bei ähnlichen Posts anderer User ab. Sie sind wichtig für die Sichtbarkeit der Beiträge und hilfreich, um neue Follower zu generieren.

Meine Anhängerschaft wuchs und wuchs. Bereits im Juni hatte ich um die 8000 Abonnenten, die mir auf allen meinen Kanälen folgten. Mit so einem Anklang hatte ich niemals gerechnet. Schließlich postete ich die Rezepte nur unregelmäßig und noch ziemlich unprofessionell. Zu dem Zeitpunkt hatte ich auch noch gar keine eigene Internetseite.

Und dann waren es wieder meine Follower, die mich auf eine neue Idee brachten. Immer häufiger wurde ich gefragt, ob ich meine Rezepte nicht gebündelt in einem Buch herausbringen könnte. Ich, ein Buch? Konnte ich mir erst mal gar nicht vorstellen. Außerdem hatte ich ganz andere Sorgen: Zum September lief meine Elternzeit an der Oper aus, ich brauchte einen anderen Job. Als Eventmanagerin mit zwei kleinen Kindern zu arbeiten, das funktionierte einfach nicht. Was sollte ich machen? Wo sollte ich mich bewerben?

Markus gab mir den entscheidenden Anstoß: »Warum eigentlich nicht? Wenn du so eine große Resonanz bekommst, dann scheinst du wirklich eine Marktlücke gefunden zu haben. Probier das mit dem Buch doch einfach mal aus!«

Aber mal so eben ein Buch schreiben? Und so einfach war das ja auch nicht. Mich an einen Verlag zu wenden, das traute ich mich nicht. Die lachen mich doch aus, dachte ich. Ich wollte das Buch allein machen. So konnte ich alles selbst entscheiden. Und wenn es nicht läuft, dann läuft es eben nicht.

Markus und ich setzen uns zusammen und kalkulierten: Wie viel gab die Haushaltskasse her, ohne dass wir völlig blank waren? 5000 Euro. Mehr war nicht drin, hatten wir doch vor nicht mal einem Jahr unser Reihenhaus gekauft.
Aber wie schreibt und druckt man ein Buch mit 5000 Euro? Indem man a l l e s selbst macht ...

9.
Wie schreibt man eigentlich einen (Back-)Bestseller?

Johann Lafer, Cynthia Barcomi, Enie van de Meiklokjes – ich stehe in meiner Lieblingsbuchhandlung in Ottensen vorm Regal mit den Backbüchern, streife mit dem Finger die Buchrücken entlang. Diätbacken – mhm, Backen und Abnehmen? Ah, zuckerfreies Backen. Ich nehme das Buch aus dem Regal, gucke, ob die Rezepte darin meinen ähneln. Nee, ganz anders. Mit viel Mehl, ohne raffinierten Zucker zwar, aber mit Butter und viel Fruchtzucker. Ich lege das Buch wieder zurück, schaue weiter. Low-Carb-Backen! Interessant. Ich hole den dicken Band heraus und blättere darin. Aber auch hier sind die Rezepte anders: Es gibt zwar keinen Zucker, dafür viel Fett und Proteine, und alles komplett ohne Weizen und Dinkel. Veganes Backen, Low-Carb-Backen, zuckerfreies Backen, es ist wirklich alles dabei. Hätte ich da wirklich noch eine Chance? Aber tatsächlich finde ich kein Buch, das meinem wölkchenleichten Prinzip entspricht, also proteinreiche Rezepte mit vielen Ballaststoffen, Getreide und wenig Kalorien. Ich stelle mir vor, wie mein Buch da einmal stehen würde. Aber das ist nur so eine Träumerei …

Mein Entschluss stand also fest: Ich schreibe ein Buch! Kann ja nicht so schwer sein, einige Rezepte hatte ich ja schon. Mit einer Auswahl der interessantesten Bücher ging ich nach Hause und studierte genau, wie sie aufgebaut waren. Auf einer Liste notierte ich, was alles zu tun war: Ich brauchte natürlich Fotos, ein Cover, ein Impressum, ein Inhaltsverzeichnis, eine ISBN (International Standard Book Number). Mit dieser Nummer wäre mein Buch eindeutig und international gekennzeichnet. Das war wichtig, weil mein Buch ja zumindest online in den Handel kommen sollte. Aber wo bekam ich diese Nummer denn jetzt bloß her? Ich googelte und fand eine Seite: german-isbn.de.

Da konnte man eine ISBN kaufen. Kaufen? Das klang irgendwie unseriös.

Doch nach längerer Recherche im Netz bestätigte sich, dass es tatsächlich die einzige Möglichkeit war, in Deutschland an eine ISBN zu kommen.

Und wie sollte mein fertiges Buch eigentlich in die Buchläden kommen? Schließlich saßen meine Follower nicht nur in Hamburg. Und es sollte ja auch in einer Buchhandlung in München zu kaufen sein. Wie dieses Netzwerk funktionierte, war mir völlig schleierhaft.

»Entschuldigung, ich schreibe gerade an einem Buch. Könnten Sie mir sagen ...«

Die Frau in der Buchhandlung unterbrach mich noch während ich sprach.

»Tut mir leid, wir nehmen hier keine Bücher an. Wenden Sie sich bitte an die Zentrale«, sagte sie und widmete sich anderen Kunden.

Die dachte doch tatsächlich, ich wollte ihr gerade mein Buch andrehen! Dabei wollte ich doch nur wissen, wie ein Buch zu finden und zu bestellen war.

Ähnlich erging es mir in anderen Buchläden. Bis sich in Hamburg-Fuhlsbüttel zwei supernette Buchhändler die Zeit nahmen, mir das System zu erklären. Ich musste mein Buch beim VLB (Verzeichnis Lieferbarer Bücher) anmelden. Das ist ein Katalog des deutschen Buchhandels, in dem alle lieferbaren Bücher gelistet sind, auch die im Selbstverlag erschienenen, erklärten sie mir. So konnte jeder Buchhändler auf Anfrage im System finden, unter welcher Adresse mein Buch zu bestellen war. Okay, also musste ich mich beim VLB anmelden, das wusste ich jetzt.

Was mir aber vorher fehlte, war die ISBN-Nummer, die ich noch nicht gekauft hatte.

Ich ging auf die German-ISBN.de-Seite und buchte neben der ISBN noch das »Schnupper-Angebot« für 69 Euro, für die Titelanmeldung im Verzeichnis Lieferbarer Bücher. Dafür brauchte ich allerdings einen Namen. Wie sollte das Buch überhaupt heißen? Und wie viele Seiten würde es haben? Diese Fragen musste ich zunächst klären.

Und dafür wiederum stand ich vor der Entscheidung: Wie viele und welche Rezepte kommen ins Buch? Bei den anderen Büchern hatte ich gesehen, dass kaum eins weniger als vierzig Rezepte enthielt. Ich setzte mir zum Ziel: fünfzig Rezepte mit Brötchen, Brot, Kuchen, Pizza und Snacks. Die Käufer sollten doch schließlich was für ihr Geld bekommen!

Unsere Küche war jetzt nicht nur eine Experimentierstube, sondern wurde auch noch zum Fotostudio. Noch hatte ich drei Wochen Zeit, dann sollte meine Weiterbildung zur Social-Media-Managerin beginnen, die ich von der Arbeitsagentur bewilligt bekommen hatte. Ich buk und fotografierte von morgens früh bis nachmittags, wenn die Kinder aus der Kita kamen. Den Couchtisch zog ich vor die Terrassentür, um für die Bilder natürliches Licht zu haben, suchte Geschirr und Deko wie Trockentücher, Holzlöffel, Becher, Vasen und Löffel in allen Variationen aus unseren Küchenschränken zusammen und legte los. Vom Food Styling hatte ich zwar wenig Ahnung, aber ich versuchte, mit Nahaufnahmen das Gebäck in den Fokus zu setzen. Zum Fotografieren benutzte ich meine acht Jahre alte Canon-Spiegelreflexkamera. Ich war überrascht, wie gut das ging! Wofür ein Profi-Atelier mit Pinzette, Glanzlack und Studiolichtern?

Nicht jedes Rezept gelang mir sofort. Bis ich alle 51 fürs Buch beisammen hatte, verbrauchte ich locker an die 1000 Eier, 50 Kilo Magerquark, 25 Kilo Haferkleie. Geschmack, Konsistenz, Nährwerte, Optik – das alles musste ja stimmen. Anders als bei Backrezepten mit klassischen Zutaten musste ich jedes Mal meine ganz eigene Formel fürs perfekte Ergebnis kreieren. Trial and error – es gab nichts Ähnliches zuvor, an dem ich mich orientieren konnte.

Am Anfang freuten sich unsere Nachbarn noch, wenn ich mit duftenden ofenfrischen Brötchen, einer Schokotarte oder Baguette vor ihrer Tür stand. Aber nach ein paar Tagen winkten sie freundlich ab. So viel wie ich produzierte, konnte keiner essen.

Ende September hatte ich Rezepte und Fotos dann tatsächlich fertig. Puh, jetzt fehlten nur noch Satz und Grafik. Geld für einen professionellen Grafiker war definitiv nicht im Budget enthalten. Nicht schlimm. Ist ja ein Kinderspiel. Dachte ich. Von wegen! Ich lud mir eine kostenlose Grafik-Software aus dem Internet herunter – GIMP (GNU Image Manipulation Program).

Es kostete mich einige Nächte und Nerven, bis ich das Programm soweit begriffen hatte, dass ich damit arbeiten konnte. Wenn ich mal wieder nicht weiterwusste, guckte ich bei Youtube nach einem passenden Erklärvideo. Aber nach den Anlaufschwierigkeiten fand ich richtig Spaß am Layouten: Ich konnte Bilder heller und dunkler machen, zuschneiden, Wolken setzen, meine Kreativität total austoben. Wie sollte das Buch aufgeteilt sein? Alle Rezepte alphabetisch hintereinander oder doch lieber nach Themen? Ich entschied mich für die zweite Variante. Klar war für mich, dass die Bilder groß sein und über die ganze Seite gehen sollten. Es dauerte zwar etwas, den Aufbau gestalterisch zu konzipieren, aber noch heute layoute ich mit demselben Programm und mit dem gleichen System.

Immer wieder tauchten neue Fragen auf. Und ich hatte nach wie vor nicht entschieden: Wie sollte das Buch überhaupt heißen?

Ich überlegte. Was passte zum Inhalt und was sollte draufstehen? Es waren Brot- und Kuchenrezepte, die mir beim Abnehmen geholfen hatten. Ah! »Abnehmen mit Brot & Kuchen« – genau das war's! Später allerdings, nachdem ich häufiger darauf angesprochen wurde, ob man bei meinem Prinzip auch etwas anderes essen dürfe, als ausschließlich Brot und Kuchen, dachte ich: Vielleicht wäre »Abnehmen t r o t z Brot & Kuchen« der passendere Titel gewesen.

Dann musste ich mich entscheiden: Wie groß sollte mein

Buch eigentlich sein? Taschenformat? Softcover? Hardcover? Hochkant oder quadratisch?

Ich schaute mir Angebote von Online-Druckereien an, verglich die Preise und entschied mich für 21 x 21 cm, Softcover. Quadratisch, groß und handlich, und auch mal was anderes, dachte ich mir.

»Markus, wenn wir noch 100 Euro drauflegen, können wir sogar 2000 Bücher drucken lassen!«

»Ui, das ist ganz schön viel. Wer soll die denn alle kaufen? Lass mal lieber 500 drucken.«

»Also Ayse sagt, dass ich auf jeden Fall 2000 drucken lassen sollte. Und sie hat schließlich schon Erfahrung und mit ihrem Buch auch super Erfolg gehabt.«

»Von mir aus 1000. Alles andere ist zu riskant und zu teuer.« Also bestellte ich 1000.

10.
Elf Wochen Platz 1 und
Amazon sperrt mein Konto

Guten Tag,
Ihr aktuelles Verkaufsvolumen wird weder durch Kunden-Feed-
back noch durch eine festgestellte Verkaufshistorie gestützt.
Deshalb prüfen wir Ihr Amazon.de-Verkäuferkonto.
Während dieser Prüfung können Sie nicht bei Amazon.de ver-
kaufen (...)
Haben Sie weitere Fragen? Wir können Ihnen direkt helfen.
Kontaktieren Sie uns (...)
Wir schicken Ihnen eine E-Mail, sobald diese Prüfung abge-
schlossen ist.

Freundliche Grüße,
Verkäufer Bestätigung
Amazon Services

***

Der 12. November war eigentlich ein ganz normaler Montag-
vormittag. Zumindest begann er noch ganz gewöhnlich. Ich
hatte die Kinder in die Kita gebracht. Jetzt saß ich mit einem
Becher Kaffee an meinem selbstgebastelten Schreibtisch, der
aus einer Holzplatte und zwei Holzböcken aus dem Baumarkt
bestand, bei uns im Wohnzimmer. Ich schaltete den Rechner
für meinen Online-Weiterbildungskurs ein, den mir die Arbeitsagentur genehmigt hatte. Da für die Zoom-Treffen eine
gute Internetverbindung nötig war, hatte ich den Tisch mitten im Raum aufgestellt und konnte mich per Kabel direkt an
das Modem anschließen. Oben bei uns im Arbeitszimmer war
die Internetverbindung einfach viel zu schlecht.
Letzte Nacht war ich wieder viel zu spät im Bett gewesen
und dementsprechend übermüdet. Aber ich freute mich:
Heute Abend brauchte ich mich nicht mehr mit dem Buch
auseinanderzusetzen. Es war jetzt fertig, und ich konnte

einfach mal wieder früh ins Bett gehen und ausschlafen!

Am Tag zuvor hatte ich endlich mein Verkäuferkonto bei Amazon eingerichtet und hochgeladen. Dafür ging der ganze Sonntag drauf. Es war so kompliziert für einen Laien wie mich, da durchzusteigen. Was die alles wissen wollten!

In meiner Verzweiflung rief ich meine Freundin Ayse alias »Aysenputtel« an. Sie hatte kurze Zeit vor mir in einem kleinen Verlag ihr Buch »Türkisch! Leicht! Lecker!« herausgebracht und bereits ein Verkäuferkonto. Netterweise bot sie mir ihre Hilfe an.

Zum einen war es für mich schwierig, die ganzen komplizierten Begriffe zu verstehen – was zum Beispiel sollte bitte ASIN bedeuten (Amazon-Standard-Identifikationsnummer)? Oder SKU (Stock Keeping Unit)? Zum anderen war es für mich nicht durchschaubar, warum mein Buch zwar schon bei Amazon aufgeführt war, ich es aber nicht als mein eigenes Produkt anbieten konnte. Es war möglich, mich bei dem Artikel als Verkäufer anzumelden, ich konnte aber keine Informationen und Bilder einfügen. Später habe ich festgestellt, dass ich als neuer Verkäufer nichts an den Metadaten – also den wichtigen Informationen wie Seitenzahl, Fotos, Titel – ändern kann und Amazon sich alle Informationen automatisch vom VLB (Verzeichnis Lieferbarer Bücher) holt. Nach unzähligen Versuchen und Anrufen beim Support hatte es dann irgendwann nach Mitternacht endlich funktioniert: Mein Buch stand auf der Amazon-Seite zum Verkauf.

Zum Internetriesen Amazon habe ich ein gespaltenes Verhältnis: Auf der einen Seite war er der einzige Kanal, über den ich mein Buch bundesweit anbieten konnte. Buchhandlungen, Großhändler und Online-Buchhändler hätten mein Buch niemals in ihr Sortiment aufgenommen, dafür war ich einfach zu klein und unbekannt. Aber die Plattform bietet jedem die Möglichkeit, sein Produkt – nach Erfüllung bestimmter Kriterien – an den Kunden zu bringen. Egal ob Künstler, Handwerker oder Landwirt. Klar, diese Dienstleistung kostet Geld, aber die Reichweite ist gleichzeitig enorm groß. Vor allem, wenn das Buch es dann in die Bestsellerliste schafft.

Andererseits ist die gesamte Abrechnung mit Verkäufen, Retouren, Auszahlungen und Rücklagen sehr unübersichtlich, selbst Markus war trotz stundenlanger Prüfung nicht in der Lage, sie nachzuvollziehen. Viele zusätzliche Dienstleistungen und Möglichkeiten, die man als Verkäufer in Anspruch nehmen kann, sind nicht verständlich erklärt. Und selbst wenn man in der Hotline jemanden zu fassen bekommt, landet man nie bei der richtigen Abteilung und wird meist mit dem Versprechen eines Rückrufs vertröstet.

Mal ganz abgesehen davon finde ich es sehr wichtig, den lokalen Einzelhandel zu unterstützen. Ich liebe Buchhandlungen und die mutigen Ladenbesitzer, aber in meinem Fall gab es zu diesem Zeitpunkt leider keine Alternative zu Amazon.

Mein Buch »Abnehmen mit Brot & Kuchen« war jetzt tatsächlich ganz offiziell zu bestellen. Ich konnte es selbst noch gar nicht so recht glauben. In gerade mal zehn Wochen hatte ich ein Buch – mein Buch! – mit 128 Seiten »gebacken«. 5000 Euro, unser ganzes Erspartes, unser Notgroschen für unvorhergesehene Ausgaben, stapelte sich in gedruckter Form in 84 nummerierten Kartons bei uns im Keller. 1000 Exemplare. War ich eigentlich wahnsinnig? Markus hatte mich ja noch gewarnt, das wären viel zu viele. Aber wenn ich von etwas wirklich überzeugt bin, dann bin ich mutig. 256 Bücher mussten wir verkaufen, um zumindest unsere Ausgaben wieder reinzuholen, so meine naive Milchmädchenrechnung. Aber was, wenn morgen unser Auto kaputt geht? Bücher hatten wir genug, aber mit denen konnten wir ja keine Rechnungen bezahlen. Ein bisschen mulmig war mir ja schon

———— · • · ————

Aber der Alltag musste weitergehen und so wählte ich mich wie jeden Vormittag über Zoom in meinen Kurs fürs

Online-Marketing ein. Seit sechs Wochen war ich jetzt dabei. Nach vier Jahren zu Hause wollte ich endlich wieder zurück in den Berufsalltag. Ich wollte wieder ein Leben jenseits von Kita, Küche, Spielplatz, Staubsaugen, Wäsche und Einkaufen. Online-Marketing war schon mal ein guter Einstieg – damit wäre ich für meine berufliche Zukunft gut gerüstet, egal wo mich mein weiterer Job-Weg noch hinführen würde, hatte ich gedacht. Talent dafür besaß ich schließlich.

Und ich hoffte, in diesem Bereich künftig auch für andere Unternehmen zu arbeiten. Ein weiterer Vorteil: Nebenbei konnte ich den Kurs auch super für meine Wölkchenbäckerei und das Buch verwenden. Dank des HTML-Kurses hatte ich schon meine Internetseite gebaut und ein Verkaufsformular für das Buch eingestellt. Okay, die Seite sah ziemlich furchtbar aus. Sehr funktional und nicht hübsch. Ich hatte keine fertigen Vorlagen benutzt, sondern alles per HTML eingegeben. Hintergrund: blau, Schriftgröße: 12, Bildposition: Mitte ...

Aber wie die Seite wirkte, war mir eigentlich auch egal, sie musste in erster Linie funktionieren. In den Buchhandlungen war ich nicht vertreten, und wenn eine Person aus Berchtesgaden mein Buch nicht über Amazon haben wollte, sollte sie es alternativ über meine Seite bestellen können. Einfach das Formular ausfüllen, die Bezahlung lief per Vorkasse.

Über die Bestellungen, die von meiner Internetseite in meinem E-Mail-Postfach eingingen, sah ich, dass bereits erste Fans meiner Wölkchenbäckerei ein Buch gekauft hatten. Ich freute mich riesig und musste schmunzeln: Ha, alle Bücher würden wir also doch nicht im Keller behalten!

Ich las gerade über die Bedeutung der Zielgruppen-Definition im Online-Marketing – neben HTML, Content-Marketing und Social Marketing war das auch Inhalt meiner Weiterbildung –, als ich so gegen 13, 14 Uhr dachte, ich könnte mal schnell rübergucken auf mein Amazon-Verkäuferkonto. Unwahrscheinlich, aber vielleicht hatte ja tatsächlich auch dort schon jemand mein Buch bestellt.

Mich haut so schnell bestimmt nichts um – dafür habe ich

in meinem Leben schon zu viel erlebt –, aber jetzt war ich wirklich völlig perplex: Ich aktualisierte immer wieder die Seite, um auch wirklich sicher zu sein, dass es sich um mein Buch handelte, das da ganz oben auf Platz 1 in der Kategorie »Backen« stand. Über Zoom war ich noch mit den anderen Teilnehmern meines Weiterbildungskurses verbunden und fragte vorsichtig in die Runde, ob sie bitte auch alle mal auf die Amazon-Buchseite schauen könnten – ob da auf ihrem Computer auch »Bestseller« neben meinem Buch stand. Vielleicht war ja bei meinem Rechner irgendwas falsch und alles nur ein großes Versehen.

Doch es stimmte! Alle gratulierten mir: »Wow Dana, dein Buch ist ein Bestseller! Glückwunsch!«
Im Gesamt-Bestseller-Ranking bei Amazon stand ich auch schon auf Platz 26.

Das war so verrückt. Damit hatte ich niemals gerechnet. Ich konnte meinen Blick nicht vom Bildschirm lösen. Das musste ich unbedingt Markus schreiben. Ah nee, doch nicht! Ich überrasche ihn einfach heute Abend damit, dachte ich. Und für den Fall, dass es bis dahin anders aussah, machte ich lieber Screenshots, einen nach dem anderen, und speicherte sie gleich auf dem Desktop. Sicher ist sicher.

Auf meinen Live-Unterricht konnte ich mich nicht mehr konzentrieren. Schnell noch ein Screenshot und nach Mails gucken. Ich musste ja die Kinder zeitig abholen!

Dann, gegen 18.30 Uhr kam Markus nach Hause.
Noch an der Tür fragte ich ihn:

»Na, was schätzt du, wie viele Bücher ich verkauft habe?«
»Hm, wenn du mich so fragst ... 50?«
Ich ging an den Rechner.
»Jetzt aktuell 376!«
»Nicht dein Ernst?!«
»Doch Markus, das Buch ist ein B e s t s e l l e r!«
Markus blickte auf den Bildschirm.
»Ach du meine Güte! Wann müssen wir die Bücher schicken?

Und wie wollen wir die überhaupt versenden?«

Darüber hatte ich mir bis dahin noch gar keine Gedanken gemacht. Ich freute mich eigentlich so sehr auf das rechtzeitige Ins-Bett-Gehen nach all den kurzen Nächten. Aber da traf es mich wie ein Blitz: Das wird nichts mit dem Schlaf, wir müssen packen!

Packen, aber wie? Mit einem normalen C4-Umschlag vielleicht?

Markus holte aus unserem Arbeitszimmer den kleinen Vorrat an Briefumschlägen und Briefmarken, aus der Küche die Waage. Was wog das Buch? Wie viel Porto muss auf den Umschlag?

Während ich mit den Kindern am Abendbrottisch saß, beobachtete ich Markus und war beeindruckt von seiner Herangehensweise.

»480 Gramm, Dana. Wir sollten versuchen, mit Verpackung nicht über 500 Gramm zu kommen.«

Damit meinte er das Gewicht für das Porto. 145-Cent-Marken sollten also laut seiner Recherche auf die Umschläge geklebt werden.

Unter unserem Vorrat an Umschlägen war auch einer mit Polster. Wir stürzten uns auf ihn, aber das Buch passte nicht rein. Ein anderer ohne Polster passte zwar, aber das Buch war darin nicht genügend geschützt.

Es war bestimmt schon 19.30 Uhr, als Markus sagte:

»Es hat keinen Sinn, ich schau mal, was ich zum Einwickeln der Bücher bekommen kann.«

»Vielleicht können wir sie in Backpapier packen. Ein paar Rollen habe ich hier noch. Und es wäre thematisch passend.«

»Nee, ich denke da eher an Luftpolsterfolien.«

Als Markus wiederkam, schliefen die Kinder schon und ich war sehr gespannt auf seine Ausbeute aus dem Baumarkt und den Drogerien:

- 500 C4-Briefumschläge
- vier Rollen Frischhaltefolie

- vier Rollen Backpapier
- fünf Rollen Paketschnur
- fünf Rollen Paketband
- eine 5-Meter-Rolle Luftpolsterfolie
- drei Packungen 3-Liter-Gefrierbeutel

Wir schmissen die Einkäufe auf den Esstisch. Also, die Gefrierbeutel boten zwar Schutz vor Wasser, aber stoßfest verpackt war das Buch dadurch trotzdem noch nicht. Backpapier und Frischhaltefolie? Waren zum Einwickeln einfach zu aufwendig. Tatsächlich hatte Markus recht: Die Luftpolsterfolie eignete sich am besten. Buch, Luftpolsterfolie, Lieferschein, Umschlag, Adressaufkleber und Briefmarke wogen zusammen 496 Gramm. Perfekt! Also begann ich, auf dem Fußboden unseres Wohnzimmers einige Folien auf Maß zu schneiden.

»Das ist echt kein Zustand. Das können wir heute machen, aber auf Dauer ist das nichts. Es dauert lang und geht voll auf die Knie.«

Während ich die Umschläge und die Folien vorbereitete, arbeitete Markus an einer Excel-Tabelle, um aus den Adressen einen Serienbrief zu erstellen. Dafür hatte er seinen Laptop auf den Esstisch gestellt und den Drucker auf dem Sideboard platziert. Das war der Beginn unserer »Packzentrale Altekrüger«.

Ich hatte schon lange die gesamte Folienrolle verarbeitet und wartete und wartete darauf, dass Markus diese blöde Liste endlich ausdrucken würde.

»Komm Markus, es ist schon gleich Mitternacht, und wir müssen noch packen. Lass uns doch die Adressen mit der Hand schreiben.«

»Lass das, ich bin gleich fertig! Bring mir bloß nichts durcheinander!«

Es war gegen 1 Uhr nachts, als ich den Drucker rattern hörte. Die ersten Lieferscheine kamen. Danach die Adressetiketten. Mein Neffe Kubilay, der während seines Sprachkurses bei uns wohnte, war nachtaktiv und kam uns zu Hilfe. Er war hoch amüsiert. Seine Teyze (türkisch für »Tante« mütterlicherseits) und ein Bestseller? Er hatte die letzten Wochen intensiv miterlebt, wie ich nachts am Buch gearbeitet hatte. Und jetzt war genau dieses Buch so ein Erfolg. Zumindest für den Augenblick war er ausnahmsweise mal sprachlos.

Der Computer, den ich sonst für meine Weiterbildung nutzte, war nun ein idealer Zweitrechner, um nach den eingegangenen Bestellungen und dem aktuellen Stand zu schauen. An dem saß Kubi mit großer Vorliebe, klopfte kluge Sprüche und machte regelmäßig Screenshots von den Bestsellerlisten.

Wir drei fingen an, die eingegangenen Bestellungen von Amazon einzutüten. Einer druckte die Listen aus, einer wickelte die Bücher in Folie, der andere schob die Bücher in den Umschlag. Briefmarken hatten wir keine. Da hofften wir auf Verständnis der Postangestellten und dass sie die Umschläge für uns frankieren.

»Teyze, werde jetzt bloß nicht traurig, wenn dein Buch morgen schon kein Bestseller mehr ist. Genieße diese 15 Minuten Aufmerksamkeit deines Lebens«, sagte Kubi und lachte.

Ich schaute ungläubig auf die Adressetiketten und sagte immer wieder:

»Sieh mal, ganz nach Augsburg soll mein Buch gehen. Und nach Dresden. Unglaublich!«

Wir packten in der Nacht etwa 250 Bücher. Den Haufen zu sehen war noch mal was anderes als nur die Verkaufszahl zu lesen. So viele wollten mein Buch haben, nicht zu fassen!

Am nächsten Tag ging Markus nach ziemlich wenig Schlaf zur Arbeit. Ich kannte es ja schon fast gar nicht mehr anders. Mein Online-Kurs lief nebenher, aber mein Augenmerk war hauptsächlich auf die Bestellungen gerichtet. Auch am zweiten Tag stand weiter »Bestseller« neben meinem Buch. Es waren über Nacht noch einige Bestellungen dazugekommen. Ayse hatte recht gehabt, wir hätten 2000 Bücher drucken lassen sollen!

Noch hatte ich die Hoffnung nicht aufgegeben, fertige Luftpolsterumschläge zu finden, in die mein Buch ohne Probleme reinpasste. Bei Ebay-Kleinanzeigen sah ich ein Angebot: 1000

Luftpolsterumschläge mit den passenden Maßen für nur 25 Euro zum Selbstabholerpreis! Perfekt, das wird schon eine Zeit lang reichen, dachte ich und kündigte uns beim Verkäufer für den Abend an.

Bei der Weiterbildung hatte ich an diesem Tag meine Anwesenheit zwar bestätigt, aber nur physisch daran teilgenommen. Auf Themen wie Reichweitenerweiterung und Influencer-Kooperationen konnte ich mich nun wahrlich nicht konzentrieren.

Gegen Mittag hatten wir schon über 600 von den vorhandenen 1000 Büchern verkauft. Die Nachfrage nahm nicht ab, so dass ich mutig war und nach Absprache mit Markus weitere 2000 bei der Druckerei bestellte. Davon ließen wir 1000 Exemplare direkt ins Lager von Amazon schicken und die anderen 1000 zu uns.

Allerdings sollte doch bitte dieses Mal »Güldane Altekrüger « auf dem Buch stehen. Ich hatte bei der ersten Auflage nämlich total vergessen, meinen Namen mit auf das Cover drucken zu lassen!

Etwa zu diesem Zeitpunkt stellte ich auch mein erstes Video auf der Plattform der Abnehm-Community online. Bis dahin hatte ich mich meinen Followern noch gar nicht gezeigt, aber ich wollte meine Dankbarkeit unbedingt persönlich vor der Kamera loswerden.

Es war ein so unbeschreiblich schönes Gefühl, die Unterstützung der Community zu spüren. Diese positive Resonanz in den sozialen Medien. Früher dachte ich immer, dass im anonymen Internet alles kalt, unherzlich und vor allem künstlich ist. Doch es war schon bei meinen Beiträgen, lange vor der Veröffentlichung des Buchs, zu merken, dass Freundschaften entstehen können, dass wahre Mitfreude auch virtuell vermittelbar ist. Und das finde ich großartig.

Nun bekam ich eine Fülle an Herzlichkeit zurück. Wenn die Emotionen so groß sind, weiß ich oft nicht, wie ich damit umgehen soll. Meist fließen Tränen vor Freude und vor Unbegreiflichkeit der Situation.

Wirklich Zeit zum Weinen und Begreifen hatte ich gerade nicht. Die gepackten Bücher mussten zur Post, Briefmarken fehlten ja auch noch. Direkt nach der Kita, etwas verfrüht, holte ich Markus von der Arbeit ab. Wir wollten die Bücher wegbringen, neue Briefmarken besorgen und die 1000 bei Ebay gekauften Luftpolsterumschläge abholen.

Die Post war nur mäßig über die nicht frankierten Umschläge begeistert und bat uns höflich aber bestimmt, die Marken doch bitte selbst draufzukleben. Die Frau am Schalter gab uns einige gelbe Kisten zum Einsortieren der Bücher und zwei Rollen mit Briefmarken. Wir frankierten und sortierten in der kleinen Posthalle, einer Containerfiliale auf dem Lidl-Parkplatz in Hamburg-Langenhorn. Anschließend kauften wir noch einige weitere Rollen Briefmarken und bekamen sogar leere gelbe Kisten nach Hause mit, denn weitere Bücher für die nächsten Tage hatten wir in der Filiale schon angekündigt.

Die 1000 Briefumschläge von unserem Ebay-Kauf waren ein Flop. In strömendem Regen standen wir in der Einfahrt des Verkäufers und versuchten, ein Buch in den Umschlag zu schieben. Aber es passte nicht. Mist. Meine letzte Hoffnung auf ein einfaches Verschicken war damit geplatzt. Das bedeutete: wieder Luftpolsterfolienrollen kaufen und alle einzeln auf dem Wohnzimmerboden zuschneiden! Na, vielen Dank!

Nachdem unsere Kinder im Bett waren, verwandelte sich unser Wohnzimmer in ein improvisiertes Versandzentrum: Überall – auf dem Esstisch, den Stühlen, auf dem Sofa, im Flur und auf dem Boden lagen Bücher, Umschläge, Briefmarken und Luftpolsterfolien. Und wir mittendrin. Markus schaute nach eingegangenen Zahlungen, erstellte Tabellen und versorgte mich und Kubi mit Lieferscheinen und Adresslisten. Folien schnitt ich auf Vorrat. Damit es etwas besser ging, erstellte ich eine Schablone und schnitt jede einzelne Bahn auf den Knien zu. Falls es noch nicht eindeutig rübergekommen ist: Ich habe diese Aufgabe wirklich gehasst! Einwickeln, eintüten, zukleben, etikettieren, frankieren. Die gelben Kisten stapelten sich im Flur abfahrbereit für den Versand am nächsten Morgen.

Gegen 2,3 Uhr nachts fielen wir völlig erschöpft ins Bett.

Am Donnerstag, den 15.11., gegen Abend, drei Tage nach der Veröffentlichung, verkauften wir das letzte der 1000 Bücher aus dem Keller.

»Wann kommen denn die nachgedruckten Bücher?«

»Ich habe Express bestellt, sie sagen, schon am Freitag.«

»Dann passt es doch. Lass uns das Buch weiter anbieten, aber die Lieferzeit verlängern.«

Gesagt, getan. Da wir mit den aktuellen Bestellungen eh hinterher waren, hieß es, dass wir ohne Leerlauf weiterpacken würden.

Dann, am Freitag der Schock: Mein Amazon-Konto wurde gesperrt!

Guten Tag,
wir prüfen derzeit Ihr Konto.
Während der Prüfung werden Guthaben nicht an Sie überwiesen, sondern bleiben auf Ihrem Konto (...)
Bitte versenden Sie weiterhin Ihre Bestellungen (...)
Sie können weitere Informationen zu Ihrem Unternehmen zur Verfügung stellen, indem Sie diesem Link folgen (...)
Weitere Informationen zur Überprüfung von Verkäuferkonten finden Sie auf den Hilfeseiten (...)
Wir schicken Ihnen eine E-Mail, sobald diese Prüfung abgeschlossen ist.
Freundliche Grüße,
Verkäufer Bestätigung
Amazon Services

Ungläubig las ich die Mail in meinem Posteingang: Was hieß das denn jetzt? Das Buch war für den Interessenten sichtbar, aber nicht zu bestellen. Es hatte die Markierung »Nicht lieferbar«. Eine Vorbestellung war auch nicht möglich. Wir konnten daran nichts ändern.

Ich rief bei der Verkäufer-Hotline von Amazon an. Ein Mitarbeiter dort schaute nach und sagte, dass er mir keine Gründe nennen, aber dass diese Prüfung bis zu vier Wochen dauern könne.

»V i e r   W o c h e n?!«

»Frau Altekrüger, in der Regel geht es schneller. Sie sind aus mir unerklärlichen Gründen durch das Raster gefallen. Das wird algorithmisch berechnet und entschieden. Machen Sie sich keine Sorgen, das wird bald geklärt, ganz bestimmt. Ich leite es an die Fachabteilung weiter, die meldet sich dann bei Ihnen.«

Ich legte auf. Und was, wenn nicht?

Es klingelte an der Tür. Die Palette mit der zweiten Auflage war da. Gleich mal zur Kontrolle geschaut: Ja, mein Name stand auf dem Cover. Ein Buch mit dem eigenen Namen ist doch noch schöner, dachte ich mir und entspannte mich etwas.

Diesmal brachten wir die Bücher gar nicht erst in den Keller, und während ich nach und nach die Kartons an der Wand neben dem Esstisch stapelte, kreisten immer wieder die gleichen Fragen in meinem Kopf herum:

Warum wurde mein Konto bloß gesperrt?
Was, wenn es doch vier Wochen dauerte?
Wer kann mir bloß weiterhelfen?

Am Rechner sah ich dann die Antwort der Fachabteilung, die mir schrieb, dass ich als Verkäuferin keine Verkaufshistorie hätte, für sie daher unbekannt sei und meine hohen Verkaufszahlen sie skeptisch gemacht hätten. Außerdem würden Verkäuferbewertungen von Kunden fehlen.

Was? Wie sollte ich denn Kundenfeedback bekommen, wenn ich jetzt erst verschickte? Verkaufshistorie? Hä?

Ich erhoffte mir eine schnellere Abwicklung, wenn ich

Amazon die Situation erklärte. Schließlich sitzt auf der anderen Seite ja auch ein Mensch, dachte ich und schrieb los.

Meine Mail an Amazon:
Betreff: DRINGLICH – Verkäuferkonto bitte freischalten!!!
Sehr geehrte Damen und Herren!
Seit kurzem habe ich ein Verkäuferkonto bei Ihnen, um mein eigenes Buch auf Ihrem Portal zu verkaufen. Ich bin eine Foodbloggerin und habe viele Follower, bei denen mein Buch zum Glück gut ankommt.
Sie haben mir aber aus diesem Grunde mein Verkäuferkonto gesperrt! Ich habe mich an alle Richtlinien gehalten, pünktlich verschickt etc. Auch hätte ich mich vorher als Verkäufer nicht bei Ihnen melden können, da ich vor dem Erscheinen meines Buchs keine Ware zu verkaufen hatte ...
Mein Buch ist ein Bestseller geworden, was es aber nun mit der Sperrung meines Kontos leider nicht mehr sein wird. Ich hatte voller Vorfreude schon die zweite Auflage in den Druck gegeben und wollte es zu Ihnen ins Lager schicken lassen, aber jetzt weiß ich nicht mehr weiter. Im Anhang finden Sie Bilder, wie wir völlig geplättet von den Verkaufszahlen unser Wohnzimmer in ein Versandzentrum umgebaut haben.
Ich bitte Sie innigst, das Konto schnellstmöglich freizuschalten oder wenn weitere Fragen bestehen mich zu kontaktieren.
Mit freundlichen Grüßen,
Güldane Altekrüger

Im Anhang der Mail schickte ich Amazon drei Fotos, auf denen die Paketberge bei uns im Wohnzimmer zu sehen waren. So eine Geschichte konnte ich mir doch nicht ausdenken, das musste doch auch Amazon begreifen! Außerdem sendete ich noch eine zweite Mail, in der ich weitere Angaben zu meinem Verkäuferprofil machte.
Dann suchte ich Hilfe in den sozialen Medien. Ich musste meinen Abonnenten erklären, warum das Buch nicht online war und dass ich ihre Unterstützung brauchte:

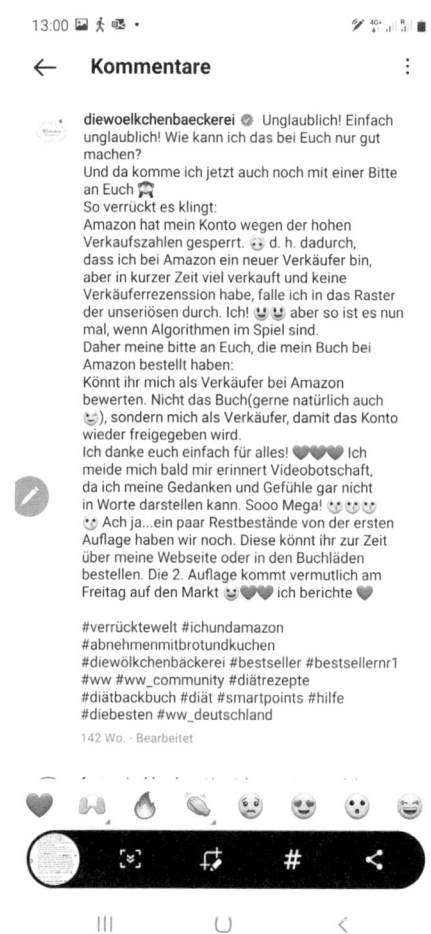

diewoelkchenbaeckerei ✔ Unglaublich! Einfach
unglaublich! Wie kann ich das bei Euch nur gut
machen?
Und da komme ich jetzt auch noch mit einer Bitte
an Euch 🙈
So verrückt es klingt:
Amazon hat mein Konto wegen der hohen
Verkaufszahlen gesperrt. 😳 d. h. dadurch,
dass ich bei Amazon ein neuer Verkäufer bin,
aber in kurzer Zeit viel verkauft und keine
Verkäuferrezenssion habe, falle ich in das Raster
der unseriösen durch. Ich! 😂😂 aber so ist es nun
mal, wenn Algorithmen im Spiel sind.
Daher meine bitte an Euch, die mein Buch bei
Amazon bestellt haben:
Könnt ihr mich als Verkäufer bei Amazon
bewerten. Nicht das Buch(gerne natürlich auch
😊), sondern mich als Verkäufer, damit das Konto
wieder freigegeben wird.
Ich danke euch einfach für alles! 💜💜💜 Ich
meide mich bald mir erinnert Videobotschaft,
da ich meine Gedanken und Gefühle gar nicht
in Worte darstellen kann. Sooo Mega! 😍😍😍
😍 Ach ja...ein paar Restbestände von der ersten
Auflage haben wir noch. Diese könnt ihr zur Zeit
über meine Webseite oder in den Buchläden
bestellen. Die 2. Auflage kommt vermutlich am
Freitag auf den Markt 😍💜💜 ich berichte 💜

#verrücktewelt #ichundamazon
#abnehmenmitbrotundkuchen
#diewölkchenbäckerei #bestseller #bestsellernr1
#ww #ww_community #diätrezepte
#diätbackbuch #diät #smartpoints #hilfe
#diebesten #ww_deutschland

142 Wo. · Bearbeitet

Ich bekam viele tolle Rückmeldungen, den Käufern schien
mein Buch wirklich zu gefallen. Die ersten hundert Buch-
bewertungen waren durchweg positiv, ich erhielt fast ausschließlich fünf Sterne! Und das war mir eigentlich noch viel
mehr wert als jedes Bestseller-Ranking.

Und Amazon reagierte! Meine neuen Bewertungen und
meine Geschichte waren glaubhaft. Einen Tag später, am
Samstag, war mein Konto wieder freigegeben. Juhu!

Wir verkauften und packten im gewohnten Rhythmus. Ab

und an kam meine Schwester Dönay zur Hilfe, sie hatte etwas Zeit bis zum Beginn ihrer neuen Arbeitsstelle. Unsere Aufrufe nach Hilfe aus dem Bekanntenkreis waren leider nicht erfolgreich. Kurz vor Weihnachten waren alle beschäftigt.

Die Kinder hatten sich an die gelben Kisten und Luftpolsterfolien gewöhnt und sogar richtig viel Freude damit. Sie sind in die Postkisten gestiegen, und wir haben sie wie in einem Karussell rumgeschleudert. Und die Folien machten auch beim Draufspringen Spaß: vom Sofa bäuchlings rauf auf die Rolle, rübergleiten und von dort auf die ausgerollten Folien hüpfen, bis die Luftbläschen platzten. Diesen Parcours optimierten Lale und Noyan im Laufe der folgenden Wochen und Monate bis zur Perfektion.

———•·———

Vier Tage nach der Buchveröffentlichung war unser Keller leer, aber die Bestellungen hörten nicht auf. Was sollten wir jetzt machen? Wir mussten sofort eine dritte Auflage drucken lassen. Aber wie viele? Noch mal 2000? Oder vielleicht 3000? Wieder war ich mutiger als Markus. Ich bestellte 5000. Ja, 5000! Was für eine unfassbare Menge. Die müssten doch mindestens bis zum Ende des Jahres reichen. Dachte ich. Aber wo sollten wir die lagern?

Die 1000 Bücher aus der zweiten Auflage, die wir bereits geordert hatten und die direkt ins Lager von Amazon sollten, wurden dort wegen des hohen Andrangs vor Weihnachten nicht eingecheckt und warteten für ungewisse Zeit darauf, einsortiert zu werden. Mit ihnen konnten wir nicht kalkulieren und bis auf Weiteres keine neuen zu Amazon schicken.

»Wir lagern die fünf Paletten einfach bei uns in der Garage. Dort ist es trocken.«

»Ja, aber dann müssen wir erst mal die Garage leer räumen. Wann sollen wir das denn noch machen?«

Ich hatte ja keine Ahnung, was uns noch erwartete …

11.
Plötzlich bin ich Schlagzeile!
Titelseite, Kollaps und Krankenhaus

»Tausend 1,45er-Marken, bitte in 100er-Rollen« – die Frau am Schalter schüttelt den Kopf und guckt mich etwas mitleidig an: »Seit Sie letztes Mal hier waren, haben wir noch keine neuen reinbekommen, tut mir leid. Aber wir haben wieder ein paar Postkästen vorrätig, die können Sie gerne mitnehmen.«

Mist – wie komme ich bloß an neue Marken? Ich hetze zurück zum Auto und los geht's zur nächsten Filiale, drei Kilometer entfernt. Ich muss mich beeilen, gleich ist es 16 Uhr, die Kinder warten in der Kita. Nächster Versuch in Norderstedt. Die Frau am Schalter kennt mich schon, lächelt mich an: »Ich kann ihnen drei 100er-Rollen geben, aber mehr habe ich leider nicht.«

Puh, das reicht zwar nicht mal für eine Pack-Nachtschicht, aber besser als gar nichts. Und wo bekomme ich jetzt auch noch Umschläge her? In den letzten Tagen hatten wir schon alle verfügbaren C4-Umschläge im näheren Umkreis aufgekauft ...

Zwei Wochen nach meinem Buchstart, an einem Montag, rief auf einmal die BILD Zeitung bei mir an. Die Reporterin hatte von meiner Geschichte gehört und wollte über mich berichten. Sie fragte, ob sie mich am nächsten Tag mit einem Fotografen zu Hause besuchen könne. Ich musste erst mal durchatmen. An jeder Wand unseres Wohnzimmers stapelten sich die Bücher, leere Kartons sammelten sich in den Ecken an, Türme gelber Postkisten verdeckten unsere Familienbilder. Hier können wir doch niemanden rein-, geschweige denn Fotos machen lassen! Was sollen denn die Leute denken, wenn sie das ganze Durcheinander hier sehen?

»Markus, wir müssen aufräumen, die BILD kommt!«

Und so beseitigten wir zumindest die gröbste Unordnung und räumten zwei Stühle und den Esstisch frei.

Ein bisschen aufgeregt war ich schon – steht ja nicht jeden Tag die BILD auf der Fußmatte. Und dann klingelte es am nächsten Morgen um 11 Uhr in unserem Reihenhaus in Langenhorn. Kaum die Tür aufgemacht, bemerkte ich die zwei Europaletten, die noch im Vorgarten an der Wand lehnten. Mist, die hatten wir vergessen, wegzuräumen. Nun denn, das machte den Kohl auch nicht mehr fett.

Die Reporterin Katharina Wolf – mit der ich später dieses Buch schreiben sollte – interviewte mich und war total beeindruckt von meiner Geschichte. Sie interviewte auch Markus, stellte viele, viele Fragen. Unter anderem wollte sie unbedingt wissen, was wir so pro Buch verdienen.

»Oh Gott, das weiß ich nicht. Vielleicht acht Euro?«

Sie versprach, mir den Text vor Erscheinen noch einmal vorzulesen, schließlich hatte ich keinerlei Erfahrung im Umgang mit Medien und war schon etwas ängstlich, was sie da so über mich schreiben würde. Der Fotograf Ronald machte Fotos von mir in unserer kleinen, sechs Quadratmeter großen Küche, natürlich beim Backen und mit Schürze. Drei Oberteile musste ich wechseln (»bitte schön bunt!«), bis der Fotograf zufrieden war. Aber fotogen war ich, so sagte er jedenfalls. Ein Stück meiner Schokotarte ohne Schokolade gab es für beide dann auch noch, das Rezept dafür sollte auch in dem Artikel erscheinen.

Ich freute mich über einen Bericht im Hamburger Lokalteil, mich in der Zeitung zu sehen. Aber vielleicht würde es mit der Veröffentlichung etwas dauern, hatte die Reporterin gesagt.

Okay, jetzt aber erst mal wieder zurück »in Produktion«, wie Markus und ich unsere tägliche Packerei nannten. 1,45 Euro Porto musste auf jeden Brief – bei 1000 Büchern macht das immerhin 1450 Euro allein für Briefmarken! Viel war nicht mehr auf unserem Girokonto, denn die Einnahmen aus den Bestellungen über meine Homepage reichten nicht einmal für die Portokosten, geschweige denn für die Rechnungen der Druckerei. Von Amazon hatten wir bis dahin noch keinen Cent erhalten.

Ich kratzte unser letztes verfügbares Geld zusammen und klapperte die Postfilialen im Norden Hamburgs und im Süden Schleswig-Holsteins ab. Denn in Langenhorn hatten wir schon sämtliche Rollen mit 1,45er-Marken aufgekauft. In der »Metro« bei uns gab es inzwischen auch keine C4-Umschläge mehr, so dass wir auch dafür zu weiter entfernten Großhändlern fahren mussten.

Drei Tage später – ich war gerade mal wieder bei der Post – rief mich die Redakteurin auf dem Handy an:

»Dana, es sieht so aus, als wenn deine Geschichte morgen bundesweit auf die Seite 7 kommt, etwa mit einer dreiviertel Seite. Aber das entscheidet sich erst endgültig so gegen 19 Uhr.«

Wie bitte? Bundesweit in der BILD, eine dreiviertel Seite?! Alter Schwede! Huch, jetzt ganz ruhig. Es ist schön, aber bis 19 Uhr kann ja noch viel passieren. Ich rief Markus, meine Schwester Dönay und meinen Bruder Ümit an. Wie krass war das denn bitte? Sie freuten sich für mich. Aber die Zeit bis 19 Uhr wollte nicht vergehen.

Dann, als ich mit den Kindern auf dem Heimweg war, an der Ampel am Langenhorner Markt, mit dem Blinker nach links in die Tangstedter Landstraße, rief sie wieder an. Über die Freisprechanlage hörte ich: »Dana, momentan sieht es so aus, als ob du mit deiner Geschichte morgen bei uns auf der Seite 1 landest!«

Was, ich auf der Titelseite der BILD???

»Ach ja, natürlich auch auf Seite 7«, erklärte Katharina.

Mir lief es kalt und warm den Rücken runter. Was für eine Werbung für mein Buch. Oh Gott, was für eine riesige Reichweite!

Aber wie sollen wir bloß mit Packen und Versand nachkommen?

Markus und ich konnten es nicht fassen. Schnell fuhren wir noch mal in die Metro und zu den Baumärkten und kauften dort alles an Verpackungsmaterial, was wir in die Finger kriegen konnten. Denn unsere 5000 neu bestellten Bücher sollten ja auch in drei Tagen geliefert werden.

Beim Packen in der Nacht bekamen wir gegen 1.30 Uhr von unserem Freund Fehli eine SMS geschickt:

»Hey Dana, du bist ja in der BILD! Glückwunsch zum Buch!« Der Artikel war also schon online! Total aufgekratzt legte ich mich ins Bett. Was würde wohl am nächsten Morgen auf mich zukommen?

Ganze drei Stunden hatte ich geschlafen. Meine Füße brannten, als ich hinter den Kindern die Treppe ins Wohnzimmer runterging.

»Mal sehen, was heute passiert, ich werde im Büro die Bestellungen im Blick behalten. Versuche noch ein wenig zu schlafen, wenn du kannst«, sagte Markus und fuhr mit den Kindern Richtung Kita los.

Es war der 28. November und meine Geschichte erschien bundesweit in der BILD – und mein Foto auf Seite 1: »Schlank mit Schoko-Kuchen. Hausfrau entwickelt Lecker-Diät.«

Ich war echt dankbar, was für eine Aufmerksamkeit mein Buch erregt hatte und wie viele Leute sich scheinbar für das Thema »gesundes Backen« interessierten. Gleichzeitig hatte ich aber Angst, dass wir uns übernehmen. Auf keinen Fall wollte ich meine Follower und Käufer enttäuschen. Wir waren zu zweit, manchmal mit Kubi zu dritt und schafften, wenn wir bis 4 Uhr packten, etwa 400 Bücher. Wir waren jetzt schon über dem Limit.

Mit gemischten Gefühlen fuhr ich den Rechner im Wohnzimmer hoch. Die Weiterbildung musste heute ohne mich auskommen. Ziemlich genau um 8 Uhr klingelte mein Handy.

»Guten Tag, RTL, wir haben von Ihrer Geschichte gelesen. Unheimlich spannend, wann können wir zu Ihnen kommen?«

»Äh, ich weiß nicht, übermorgen?«

»Alles klar, wir sind dann gegen 10 Uhr da. Wir melden uns noch.«

Schnell aufgeschrieben, klingelte es erneut.

»Hessischer Rundfunk, wir haben von Ihrer Geschichte gelesen, können wir Sie interviewen?«

»Ja gern, vielleicht morgen, gegen Mittag?«

Es klingelte erneut.

»Guten Tag, Sat 1. Wir haben von Ihrer tollen Geschichte gehört, können wir zu Ihnen kommen?«

»Ja Moment, Freitag kommt schon ein Sender, vielleicht Samstag?«

»Welcher Sender kommt? Können wir eher kommen?«

»Ja, ich schau mal ...«

»Guten Tag, wir sind von der Zeitschrift ›Focus‹. Könnten Sie uns vielleicht eine PDF-Fahne schicken?«

»Eine PD-was ...?«

»Eine PDF-Fahne, also Ihr Buch als PDF-Datei, damit wir es uns für einen Beitrag anschauen können. Sie brauchen uns dann kein Buch zu schicken.«

»Ach so. Ja, ich melde mich bei Ihnen, sobald ich so was habe.«

Das Telefon klingelte und klingelte. In der ganzen Wohnung hatte ich kleine gelbe Notizzettel verteilt mit Terminen, Telefonnummern und To-dos. Ich hatte mich im wahrsten Sinne des Wortes schon lange verzettelt und mein Blick auf die Bestellungen, die wirklich im Sekundentakt reinkamen, erhöhte den Druck bei mir enorm. Mit den Verkäufen aus den Buchhandlungen – dort konnte man uns ja auch bestellen – sollten es am Ende dieses Tages über 2800 verkaufte Bücher sein.

Zusammen mit den Bestellungen der Vortage hatten wir die 5000 Bücher, die geliefert werden sollten, schon alle verkauft – noch bevor sie überhaupt da waren!

»Markus, das Telefon hört nicht auf zu klingeln – alle wollen

Interviews und Filmaufnahmen machen. Wir haben schon alle Bücher verkauft, was machen wir nun? Ich würde gerne 10 000 Bücher drucken lassen.«

»Ich bekomme hier auch mehrere Bestellmails pro Minute rein. Das ist so abgefahren. Ja, okay, mach das, bestell die Bücher. Und frag mal die Druckerei, ob sie das Zahlungsziel ändern können.«

Die Online-Druckerei hatte auch von meiner Geschichte in der BILD gelesen und half mir sofort; die 10 000 Bücher sollten schon in fünf Tagen kommen. Hurra! Aber das Zahlungsziel konnten sie leider nicht verlängern. Wir hatten ja noch die letzten Rechnungen offen.

Das Telefon klingelte unentwegt. Radiosender, Zeitschriften, Verlage, Künstleragenturen und und und. Alle wollten sie meine Geschichte hören oder mit mir zusammenarbeiten. Das gefiel mir. Auch Katharina von der BILD rief erneut an:

»Dana, wir wollen zu morgen wieder über dich berichten. Der Fotograf kommt gleich bei dir rum und macht ein paar Fotos, wenn du Zeit hast. Die BILD-Redaktion in Berlin will unbedingt noch mehr über dich und neue Fotos, alle waren total fasziniert von deiner Geschichte!«

»Ja klar, ich bin zu Hause.«

Ich stellte mir Menschen in ganz Deutschland in verschiedensten Situationen mit der Zeitung in der Hand vor, wie sie gerade meine Geschichte lasen.

Die Verkäuferinnen im Supermarkt:

»Petra, hast du hier von der Lecker-Diät gehört? Schokokuchen essen und abnehmen.«

»Das kann doch nicht funktionieren.«

»Im Zeitungsartikel ist ein Rezept dabei, weißt du, ob wir hier ungesüßtes Apfelmus im Regal haben?«

Oder an einer Wurstbude:

»Schau mal, Schatzi, da hat eine Hausfrau ein Buch geschrieben und es ist ein Mega-Erfolg geworden. Schreib doch auch mal ein Buch. Am besten ›Abnehmen mit Bier und Fleisch‹, das wird dir aus den Händen gerissen. BOAHAHAHAH!«

Bis zum Mittag hatten wir allein bei Amazon über 2500 Bücher verkauft. Mein Buch war inzwischen auf Platz 1 insgesamt. Noch vor Sebastian Fitzek und Michelle Obama. Was ich zu diesem Zeitpunkt noch nicht ahnte: Insgesamt hielt ich mich dann unglaubliche elf Wochen an der Spitze!

Wie sollten wir das bloß alles verschicken? Diese Mengen konnten wir gar nicht rechtzeitig abarbeiten. Aber deshalb das einmalige Geschäft abschlagen und den Warenbestand auf null setzen? Das ging auch nicht.

Es klingelte an der Tür. Ronald, der Fotograf von der BILD, war wieder da.

»Geht es dir gut, Dana, du siehst so blass aus?«

»Nee, nee, alles okay. Bin nur übermüdet.«

»Wie läuft das Buch?«

»Frag nicht, das Telefon klingelt ständig und wir haben schon weit über 2000 Bestellungen bei Amazon.«

»Das ist doch schön. Das wollen wir heute festhalten und dich glücklich mit deinem Zeitungsartikel fotografieren.«

Ich sollte die Zeitung in die Hand nehmen und glücklich in die Kamera gucken. Ich war ja glücklich, ich war ja dankbar, aber wie sollten wir die Bücher verschicken? Wann sollte ich die TV-Sender empfangen? Wann für meine Kinder Zeit haben? Wann schlafen?

Ich zitterte, mir wurde schwarz vor Augen. Ich versuchte noch verkrampft in die Kamera zu lächeln, aber es ging nicht. Ich spürte so einen Druck auf meiner Brust und mir wurde ganz schwindelig. Ronald merkte, dass es mir nicht gutging und sagte:

»Dana, wir brechen hier ab, ich rufe jetzt einen Krankenwagen.«

Und dann standen ein paar Minuten später auch schon die

Rettungssanitäter bei uns im Wohnzimmer.

»Markus, ich fahre ins Krankenhaus. Mir geht es nicht gut.«

»Oh nein. Dana, was ist los? Ich komme sofort.«

»Alles gut, ist nicht so schlimm. Ich bin einfach nur total fertig. Ich kann nicht mehr. Ich melde mich wieder, wenn ich im Krankenhaus bin.«

Im Rettungswagen fuhren sie mich nach Barmbek in die Klinik. Dort wurde ich erst mal gründlich durchgecheckt, um ernsthafte Erkrankungen auszuschließen. Ich war erleichtert. Ein Herzinfarkt oder ähnliches war es zumindest nicht. Aber vor meiner Entlassung ermahnte mich der Arzt eindringlich:

»Ihr Körper braucht jetzt Ruhe und vor allem wieder ausreichend Schlaf!«

Meine Schwester Dönay kam sofort mit ihrer Tochter, als sie von meiner Einlieferung in die Klinik erfuhr. Nun lag ich da in der Notaufnahme, und alles nur, weil ich ein Buch geschrieben hatte!

Markus holte die Kinder aus der Kita, Dönay brachte mich aus der Klinik nach Hause, und im Auto wurde ich sehr nachdenklich. Ich hatte Raubbau an meinem Körper betrieben und einen Warnschuss erhalten. Mir wurde klar: So konnte es nicht weitergehen.

Zu Hause legte ich mich aufs Sofa, Markus brachte die Kinder ins Bett. Ich war so übermüdet, aber an Schlaf konnte ich nicht denken. Es gab einfach viel zu viel zu tun. Aber packen sollte und wollte ich die nächsten zwei Tage nicht.

Den ganzen Abend besprachen wir, wie es weitergehen sollte. Markus hatte am frühen Nachmittag, als er von der Arbeit nach Hause kam und ich in der Klinik war, den Warenbestand bei Amazon doch auf null gesetzt. Da konnte schon mal keine Bestellung mehr reinkommen. Das erste Mal seit Tagen ging ich vor Mitternacht ins Bett und wachte sogar einigermaßen ausgeschlafen auf.

Und wieder berichtete die BILD über mich, schon den zweiten

Tag in Folge. Diesmal lautete die Überschrift:
»Kollaps nach Kochbuch-Erfolg. Bestseller-Bäckerin in der Klinik.« Dazu ein Foto vom Barmbeker Krankenhaus.

An diesem Morgen riefen viele Freunde und Verwandte an, die den Artikel gelesen und sich Sorgen gemacht hatten. Ich war ganz überrascht, wer so alles die BILD liest.

»Wenn ich wissen möchte, wie es dir geht, lese ich das in der BILD nach!«, flachste mein Bruder.

Meine Eltern hatten in der Türkei den Artikel nicht gesehen, aber wussten natürlich auch schon Bescheid. Am Telefon erklärte ich ihnen, was los war.

»Buche uns Tickets, wir kommen so schnell es geht.«

Ich weinte, war erleichtert. Auf meine Familie war Verlass! Ihr Besuch würde nicht nur uns Erwachsenen, sondern gerade den Kindern so guttun. Dennoch stand die Frage im Raum: Wie machen wir nun weiter? Geben wir das Buch an einen Verlag ab? Anfragen und Angebote gab es inzwischen.

Am Donnerstag, nachdem Markus und die Kinder weg waren, meldete ich mich wieder bei der Weiterbildung an. Ich wollte den Berg an Arbeit einfach mal ignorieren und hoffte auf diese Weise, meinen Kopf etwas frei zu bekommen. Alle im Kurs hatten den Artikel gelesen und beglückwünschten mich.

Wenn auch nicht so oft wie am Vortag klingelte das Telefon trotzdem regelmäßig. Katharina von der BILD war wieder am Apparat, auch sie hatte sich Gedanken darüber gemacht, wie es mir geht und kündigte sich für den späten Abend erneut an.

Es meldeten sich aber nicht nur die Medien und Freunde. Auch ein großer Verlag wollte mich unbedingt als Autorin gewinnen und mich und mein Buch unter Vertrag nehmen. Zu der Zeit klang das wie meine Rettung. Sie wollten mir alles abnehmen, es hörte sich himmlisch an! Keine durchgepackten Nächte mehr, endlich wieder schlafen und endlich nicht mehr dieser verdammte Druck, rechtzeitig den riesigen Berg an Büchern zu verschicken.

»Sehen Sie es doch mal so, Frau Altekrüger. Sie haben es bis hierhin geschafft. Aber wie soll es denn weitergehen? Sie sind doch gar nicht in der Lage, die Nachfrage zu bedienen. Und Sie haben nicht die Kontakte zu den Buchhandlungen und Großhändlern. Wenn Sie mit dem Versand nicht hinterherkommen, springen Ihnen ganz schnell die Käufer ab. Dann sind Sie auch bei Amazon kein Bestseller mehr!«

»Könnten Sie denn auch die bereits eingegangenen Bestellungen versenden?«

»Klar, wir nehmen Ihnen alles ab. Wenn Sie bis morgen unterschreiben, steht Anfang nächster Woche ihr Buch bundesweit in jeder Buchhandlung im Regal.«

Was wollte ich mehr: nichts mehr machen, alle Bestellungen abgeben, nur noch meinen Anteil aufs Konto überwiesen bekommen.

Der Verlag mailte mir direkt nach dem Telefonat einen Autorenvertrag, den ich bis zum nächsten Tag unterschreiben sollte, damit sie sofort loslegen konnten.

Ich hätte alles unterschrieben, um allen Käufern so schnell wie möglich gerecht zu werden. Ich hatte doch schon mehr als genug Bücher verkauft. So hätte ich endlich auch wieder mehr Zeit für die Kinder gehabt. Denn ich wünschte, ich könnte hier schreiben, wie entspannt und fröhlich ich die Kinder nebenbei bespaßen und frisch bekochen konnte. Stattdessen haben wir gerade an diesen besonders stressigen und außergewöhnlichen Tagen die Kinder oft nur mit dem Nötigsten versorgt. Wir haben sie natürlich nicht vernachlässigt, aber wie oft haben wir abends am Bett gesessen und statt gemütlichem Vorlesen einfach nur gehofft, dass sie schnell einschlafen – denn erst dann konnten wir ja wieder »in Produktion« gehen. Und das machte mir zusätzlich ein schlechtes Gewissen.

»Ich habe einen Autorenvertrag bekommen. Sie würden alles übernehmen. Alles. Sofort. Ich muss es aber bis morgen unterschreiben, damit es losgehen kann.«

»Wie, bis morgen? Wir haben doch keine Ahnung von solchen Verträgen. Das geben wir mal an Hendrik, er kennt sich als Jurist mit so was aus. Und was wollen die mit einem Vertrag am Freitag, sie können doch auch genauso gut bis Montag warten.«

»Markus, ich kann nicht mehr. Du auch nicht, du bist doch auch schon seit Tagen überm Limit. Wir haben noch so viele Bestellungen. Bitte lass uns das unterschreiben.«

Er las den Vertrag. Ich war entschlossen: Ich würde unterschreiben. Es war d i e Rettung aus unserer schwierigen Lage.

»Das machen wir nicht, Dana. Schau dir deine Bücher hier an.« Markus zeigte dabei auf die gestapelten Bücher an der Wand neben dem Esstisch.

»Sie gehören dir dann einfach nicht mehr. Du bist gebunden. Du kannst dann fast nichts mehr selbst entscheiden. D u ganz alleine hast es so weit gebracht. Warum jetzt abgeben?«

»ABER WIE SOLLEN WIR WEITERMACHEN?!«

Ich wurde laut, wie häufiger in letzter Zeit, und war ein bisschen erschrocken über mich selbst. Er hatte recht, aber ich wusste einfach nicht, wie es weitergehen sollte.

»Ich habe heute von meinem Arbeitskollegen Veit gehört, dass sein Kumpel einen Versandshop hat. Er hat mir die Kontaktdaten gegeben. Eventuell kann er uns beim Verpacken helfen. Der Laden heißt ›MBV – Massen-Brief-Versand GmbH‹ und sitzt in Buchholz. Ich rufe da morgen mal an, vielleicht klappt es ja. Komm Dana, wir machen selber weiter. Wir gründen einfach unseren eigenen Verlag.«

»Wir machen selber weiter« – das aus dem Mund von Markus. Der, der sonst immer das Risiko scheut und so auf Sicherheit bedacht ist.

Damit hatte er bei mir wieder alle Geister geweckt. Ich spürte plötzlich meine Energie zurückkommen. Ja, na klar! Es lag auf der Hand: Ich habe es ganz allein auf die Bestsellerliste geschafft. Warum also sollte ich nun alles abgeben? Nur wegen dem Versand? Dafür alle Rechte und Freiheiten verlieren? Nein danke!

Es war 2 Uhr nachts, als ich mit neuer Zuversicht ins Bett ging.

Markus:

»Diese ersten zwei Wochen nach Veröffentlichung des Buchs, die waren schon extrem anstrengend. Wir waren jede Nacht bis 2, 3 Uhr mit Packen beschäftigt und der Wecker klingelte natürlich trotzdem um 6.30 Uhr. Aber wir haben irgendwie funktioniert. Den Rhythmus von selten mehr als vier Stunden Schlaf pro Nacht konnte ich dadurch ein wenig ausgleichen, dass ich am Arbeitsplatz zwischendurch mit offenen Augen einnickte.

Und nach dem Artikel in der BILD erfasste uns der Sturm erst so richtig. Ich hatte inzwischen eine Weiterleitung auf mein Handy eingestellt, so dass ich jedes Mal ein Signal erhielt, wenn eine Buchbestellung über Amazon reinkam.

Am Morgen des Erscheinungstages des BILD-Artikels ging es los: Mein Handy erwachte zum Leben und hörte einfach nicht mehr auf zu piepen. Piep-piep-piep! Ich stellte es gleich wieder aus. Jeder Pieps hämmerte mir ein, dass die nächsten Packnächte eher länger als kürzer werden würden.

Als ich im Büro angekommen war, luscherte ich in unseren E-Mail-Eingang. Die Bestellungen ratterten tatsächlich im Sekundentakt rein! Ich saß mit meinem Kollegen und Freund Veit vorm Bildschirm und wir dachten nur: Was bitte geht hier gerade ab? Jede E-Mail von Amazon enthielt eine gute Nachricht und eine unmissverständliche Aufforderung: ›Artikel verkauft – Bitte jetzt verschicken!‹ Puuhh … Und erstaunlich, wie dieser Erfolg mich völlig euphorisierte und gleichzeitig so fertigmachte.

Während ich mich am Schreibtisch ein wenig von der letzten Packnacht erholen konnte, brach es über Dana herein: Alle Medien wollten über sie und ihr Buch berichten. So arbeitete sie am Vormittag noch die Interviews ab, obwohl nach den letzten Wochen ihre Kraftreserven vollends aufgebraucht waren. Ich erinnere mich, wie sie mich an dem Tag mittags in der Firma anrief und sagte: ›Markus, mach dir keine Sorgen, aber ich bin gleich im Krankenhaus und werde durchgecheckt.‹

Ich packte also grübelnd und in Sorge um meine Frau sofort meine Sachen zusammen. Ich stand schon mit der geschulterten Aktentasche in der Tür und sagte Veit, dass ich keine Ahnung hatte, wie es weitergehen sollte, wie wir alle diese Kunden, die doch schon ihr Exemplar bezahlt hatten, bedienen konnten. Da drückte er mir einen kleinen Zettel mit der Anschrift eines Bekannten aus Buchholz in die Hand, ›Ruf den mal an, vielleicht kann der euch erst mal helfen!‹

Auf dem Zettel stand: ›Massen-Brief-Versand GmbH‹.

Zu Hause angekommen, war der ganze Esstisch mit Post-its vollgeklebt, auf denen standen einfach nur: Sat 1, RTL, NDR, Stern … – offenbar wollten die alle mit Dana sprechen. Meine Güte, was muss denn hier im Laufe des Tages los gewesen sein?! Ich habe dann den Bestand bei Amazon auf null gesetzt, nachdem wir an diesem Tag bis dahin über 2500 Bücher verkauft hatten. Der aktuelle Nummer-1-Bestseller ›Abnehmen mit Brot & Kuchen‹ war nun nicht mehr bei Amazon bestellbar!

Am nächsten Tag wählte ich die Nummer der ›Massen-Brief-Versand GmbH‹. Es meldete sich ebenfalls ein Marcus. Ich erläuterte ihm unsere Situation und er versprach, uns zu helfen.

Trotz Marcus' Hilfe konnten wir die Bestellungen nur rechtzeitig ausliefern, wenn auch wir weiterhin im Wohnzimmer packten. Aber das waren wir ja gewohnt.

Ich erinnere mich an unseren allerersten Verkaufstag: Da war schon klar, dass ich schleunigst ein System entwickeln muss, um alle Bestellungen sicher zu erfassen, schnell zu verarbeiten und steuerlich korrekt abzuwickeln. Ich hatte fast zwanzig Jahre als Fuhrparkmanager gearbeitet, betreute dabei auch Flotten mit mehreren Tausend Fahrzeugen und entwickelte zuletzt Strategien für die Einführung von Elektromobilität in Großunternehmen. Bei allen Tätigkeiten nutzte ich umfangreiche und komplexe Tabellen und fühlte mich in diesen Datenmengen wohl. Ich stellte nun fest, dass die Programme, Logiken und Mechanismen für die Verwaltung von 2000 Buchbestellungen dieselben sind wie die für 2000 Autos. Und diese Kenntnisse und Fähigkeiten halfen mir in dieser Nacht ungemein.

Nachdem ich verstanden hatte, wie ich Amazon die Adressliste der Besteller entlocken konnte, bastelte ich in mehrstündiger Arbeit eine Tabelle mit allen steuerlich relevanten und notwendigen Rechnungsdaten, mit der wir Serienbelege und Serienadressetiketten erstellen konnten. Dana und ihr Neffe Kubi saßen währenddessen Däumchen drehend auf dem Sofa und warteten auf mein Ergebnis. Dana schnappte sich irgendwann völlig entnervt von ihrer Untätigkeit die Umschläge und wollte die Adressen tatsächlich handschriftlich draufschreiben. ›Lass das mal schön bleiben! Trink lieber noch einen Kaffee, bevor du alles durcheinanderbringst!‹, fauchte ich ihr etwas unhöflich entgegen. Ja, die Stimmung war trotz oder gerade wegen des tollen Erfolgs angespannt. Unsere Nerven waren nicht mehr sonderlich belastbar. Wir waren übermüdet und hatten da draußen erwartungsfreudige Kunden zu bedienen, die ihre Bestellung bezahlt hatten und nun zu Recht schnell ihr Buch haben wollten.

Aber irgendwann gegen Mitternacht war ich mit meiner Liste fertig, die Rechnungen und Etiketten purzelten nun seitenweise aus dem Drucker und wir konnten endlich die Bücher versandfertig machen.

Als Danas Familie kurz nach dem BILD-Artikel zur Unterstützung aus der Türkei anreiste, stießen wir in unserer Wohnzimmer-Logistik erneut an unsere Grenzen. Wie machten wir den helfenden Händen klar, ohne dass sie sich diese Informationen mit ihren eingeschränkten Deutschkenntnissen mühsam aus dem Lieferschein zusammenklauben müssen:

- ob ein Buch eine Widmung erhalten soll?
- wie viele Bücher zu einer Bestellung gehören?
- welches Porto auf den Umschlag geklebt wird?
- ob es eine Bestellung fürs Ausland ist?
- und ob wir Lieferschein oder Rechnung dazulegen müssen?

Als die Großfamilie erwartungsfreudig auf dem Sofa saß, umgeben von Bücherstapeln, Luftpolsterfolien, Umschlägen und Briefmarkenrollen, kam ich so langsam ins Schwitzen: Alle warteten auf mich, dass ich sie mit Rechnungen, Lieferscheinen und Adressetiketten fütterte! Aber ich befürchtete, dass viel in die Hose gehen würde, wenn wir in dieser Konstellation nach unserer alten Systematik weiterarbeiten. Nachher bekommt Frau Meyer die Rechnung für Frau Müller, Herr Mustermann eins statt der bezahlten zwei Bücher und so weiter ...

Grübelnd habe ich dann erst mal eine Flasche Bier aufgemacht – und da war er, der Geistesblitz! Der Schlüssel ist das Adressetikett: Wenn dort alle notwendigen Informationen auf einen Blick ersichtlich sind, sollte es unabhängig von Herkunft und Sprachfähigkeit der Einsatzkräfte klappen!

Und so entwickelte ich einen mehrstelligen Code, der auf jedem Adressetikett oben rechts erschien und alle zum Packen und Versand wichtigen Daten enthielt. Nach kurzer Einweisung konnte die Familie in ihrer Wohnzimmer-Produktionslinie dann endlich loslegen. Und nun packten wir bis dahin ungeahnte Mengen und mit verschwindend wenigen Retouren und Reklamationen.

Der Code auf dem Adressetikett:

2   = 2 Bücher
R   = Rechnung beilegen
EU = Ausland, EU-Porto

1   = 1 Buch
R   = Rechnung beilegen
W   = mit Widmung
145 = Briefmarke 145 ct

Was ich Dana wünsche? Mehr Zeit. Für sich selbst und für uns als Familie. Die letzten drei Jahre waren wie ein Film. Dana hat oft am Limit gearbeitet und ihrem Körper viel zugemutet. Dazu zählt neben dem Schlafmangel die Arbeit mit dem Handy. Es sieht zwar immer ganz entspannt aus, wie sie im Sessel sitzt und die vielen Fragen auf Facebook und Instagram beantwortet, aber Nacken und Rücken machen ihr seitdem stark zu schaffen.

Ich hoffe, sie kommt wieder ein bisschen mehr zur Ruhe. Doch wie ich Dana kenne – das nächste Projekt hat sie bestimmt auch schon wieder im Kopf.«

12.
Wir gründen einen Verlag

Ich komme in die riesige Halle mit hohen Decken und Neonröhren, es riecht scharf nach Farbe und Papier, Maschinen rattern und poltern, Geräte piepen.

»Da drüben machen wir die Innenseiten, und hier, Frau Altekrüger, ist Ihr Umschlag«, dabei zeigt Herr Gastinger auf die zwei Paletten neben uns.

Ich gucke auf das bunt bedruckte Papier mit meinem Foto und nehme es in die Hand.

Das ist mein Cover! Von meinem Buch! Neben uns füttern Mitarbeiter der Druckerei eine Maschine mit den Innenseiten, heraus kommen die halbfertigen Bücher, die über Laufbänder zum Kleben und Zurechtschneiden an die nächste Station weitergeleitet werden. Über ein Fließband rattern sie in eine Trockenstation, eine Art riesigem »Buch-Backofen«, aus dem sie Sekunden später wieder ausgeworfen und zu je zehn Stück in Kartons gepackt werden. Was für ein imposantes Schauspiel! Unglaublich, wie viele Leute hier an meinem Buch arbeiten. Und was für Massen an Paletten: mindestens dreißig – alle gestapelt mit meinen Seiten. Es ist mein erster Besuch bei unserer Druckerei in Köln. Nachdem wir immer wieder neue Auflagen in Auftrag gegeben hatten, wollte ich gerne einmal selbst vor Ort »live« miterleben, wie mein Buch dort entsteht. Ich bin wirklich beeindruckt – und ein druckfrisches warmes Exemplar bekomme ich auch noch geschenkt!

Am Freitag, dem 30.11.2018, war ich am dritten Tag in Folge Thema in der Zeitung, das Land musste ja erfahren, dass ich nach meinem Zusammenbruch wieder gesund zu Hause war. Es nahm alles völlig bizarre Ausmaße an ...

Und wir hatten uns am Vorabend entschieden: Das auf den ersten Blick verlockende Angebot der großen Verlagsgruppe wollten wir dankend ablehnen. Dennoch rief ich dort an und verlängerte den Termin zur Abgabe der Vertragsunterlagen auf den kommenden Montag. Zur Sicherheit wollte ich mir das Türchen noch offenhalten. Gleichzeitig machte ich mich auf die Suche nach einer Druckerei in der Nähe, über die wir größere Auflagen bestellen konnten und schaute nach weiteren möglichen Versandfirmen.

Doch auf die Schnelle fand ich keine neue Druckerei. Dabei brauchte ich unbedingt einen persönlichen Ansprechpartner, der mir bei dem absurden Wahnsinn, in dem wir steckten, das Gefühl vermitteln konnte, dass wir uns zumindest auf den Büchernachschub verlassen konnten.

Also rief ich wieder bei unserer Online-Druckerei an. Damit wir keine Lieferengpässe bekamen, musste ich dringend die nächste Auflage bestellen:

»Ich bin's wieder, Dana Altekrüger von der Wölkchenbäckerei! Vielleicht haben Sie mitbekommen, was los ist. Ich brauche unbedingt Ihre Hilfe. Wie schnell können Sie noch mal 10 000 Exemplare drucken und verschicken?«

»Ja, Frau Altekrüger, wir verfolgen das hier auch in der Presse. Ganz beeindruckend, herzlichen Glückwunsch zum Erfolg! Leider sind wir für solch hohe Auflagen dann doch zu klein.«

»Ach herrje, können Sie mir denn eine Druckerei empfehlen, die schnell liefern kann? Ich verkaufe nämlich schon Bücher, die noch gar nicht gedruckt sind.«

»Klar, Frau Altekrüger. Zu unserer Unternehmensgruppe gehört auch eine Verlagsdruckerei, da sind Sie besser aufgehoben. Der Key-Account-Manager kommt etwas später ins Haus, mit dem sollten Sie sprechen.«

»Das ist ja fantastisch. Können Sie ihm bitte meine Nummer geben. Ich wäre ihm dankbar, wenn er mich schnell zurückruft.«

Das hörte sich doch schon mal vielversprechend an. Sogar Herrn Gastingers Handynummer hatte ich bekommen. Ungeduldig wie ich war, rief ich ihn eine Stunde später an und erwischte ihn im Auto auf dem Weg zur Arbeit. Mit einem stark kölschen Dialekt strahlte er Ruhe, Gelassenheit und Professionalität aus.

»Kein Problem, Frau Altekrüger, Ihre Bücher drucken wir mit Vorrang. Ich mache Ihnen gleich das Angebot fertig. Wenden Sie sich künftig an mich, ich bin Ihr direkter Ansprechpartner.«

Das war schon mal eingetütet. Und es stellte sich später heraus, dass es der Beginn einer langjährigen vertrauensvollen und tollen Zusammenarbeit war.

Gegen Mittag meldete sich Markus von der Arbeit:

»Dana, der Versandshop in Buchholz hilft uns! Cooler Typ, der heißt auch Marcus, mit C. Er fand unsere Geschichte toll. Ach ja, ich kann ab nächster Woche meinen Resturlaub nehmen.«

»Wie geil ist das denn?!«

»Allerdings haben wir ein Problem: Die 5000 Bücher sind von der Druckerei auf dem Weg zu uns nach Hause. Wir müssen sie sofort nach Buchholz umleiten. Kannst du mal die Spedition oder die Nummer vom Fahrer herausfinden?«

»Ui … ja, ich versuche es.«

»Das müssen wir hinkriegen. Ich habe ja noch nicht einmal die Garage für die fünf Paletten freigeräumt. Und ich habe auch keinen Bock, dass die ›Ameise‹ wieder in der Pfütze unseres Kieswegs hängen bleibt wie beim letzten Mal.«

Nachdem ich mich durch mehrere Stellen durchtelefoniert hatte, bekam ich die Handynummer vom LKW-Fahrer und gab sie an Markus weiter. Er erreichte ihn kurz vor Hamburg:

»Wo sind Sie gerade?«

Der Fahrer antwortete in gebrochenem Deutsch mit osteuropäischem Akzent: »Ich bin in einer Stunde bei Ihnen in Hamburg. Haben Sie Rampe?«

»Nein, nein, haben wir nicht. Wir haben auch eine Planänderung: Ich bin Ihnen dankbar, wenn Sie die Ware nicht nach Hamburg, sondern nach Buchholz bringen.«

»Kann ich machen, ich muss aber im Depot umladen, Kollege fährt nach Buchholz. Ware kommt dann aber nicht vor morgen da an, muss Dispo klären.«

Und die Dispo klärte. Auch mit diesem Problem wurden wir fertig. Damit hatte sich unsere Aufgabe, die Garage für die 5000 Bücher freizuräumen, automatisch erledigt.

Nachdem wir innerhalb von drei Stunden eine Druckerei und einen Versanddienstleister gefunden hatten und die dritte Auflage nach Buchholz umgeleitet war, fasste ich wieder Vertrauen und gab den Buchverkauf auf Amazon frei. Im Laufe des Tages sollten noch 1000 Buchbestellungen auf diesem Wege bei uns eingehen.

Am Sonntag fuhren wir zu Marcus von der Massen-Brief-Versand-GmbH (MBV) nach Buchholz. Er begrüßte uns in einem St.-Pauli-Totenkopfhoodie, und wir waren uns von Anfang an sympathisch. Seine Geschäftsräume waren in einem Gewerbegebiet, und er teilte sich die Einfahrt mit einer Autowerkstatt. Vor dem Tor standen Rollwagen mit Dutzenden gestapelter gelber Postkisten. Wir fühlten uns also gleich wie zu Hause.

Einen Zahn hatte er uns allerdings gleich ziehen müssen: Als wir ihm unsere Packtechnik mit der zurechtgeschnittenen Luftpolsterfolie demonstrierten, schüttelte er den Kopf. Auf diesem Wege ließe sich die benötigte Produktivität nicht erreichen, erklärte er. Wir mussten also in den sauren Apfel beißen und stimmten der Verwendung von Pappumschlägen zu. Die schützten zwar die Bücher ausreichend, wogen aber so viel, dass das Porto um 1,15 Euro auf 2,60 Euro stieg. Zusammen mit den Kosten für das Verpacken und die Pappschachteln reduzierte das unsere Gewinnmarge doch spürbar.

Wir einigten uns dann noch schnell über den Aufbau der Adressliste und erlebten anschließend eine Demonstration der fabelhaften Massen-Brief-Versand-Frankiermaschine. Diese Fließbandanlage saugte die Umschläge geradezu ein und spuckte mehrere Meter weiter hinten fertig frankierte Umschläge wieder aus. Die Maschine beeindruckte uns so sehr, dass wir uns dieses Monstrum zu Hause vor der TV-Bank in unserem Wohnzimmer vorstellten. Die Maschine wäre sogar flach genug gewesen, um trotzdem vom Sofa aus noch einen uneingeschränkten Blick auf den Fernseher zu haben. Aber diesen Gedanken verwarfen wir zügig wieder.

Die Menge unserer Bestellungen, die wir so kurzfristig und auch noch in der Adventszeit an die MBV schickten, war selbst für die Versandprofis eine Herausforderung. Also spannte Marcus seinen ganzen Familien- und Bekanntenkreis zur Bewältigung unserer Aufträge ein. Als ich das hörte, dämmerte mir, wie viele Menschen inzwischen für uns tätig waren: die Mitarbeiter der Druckerei, die die Druckplatten anfertigten, die Bücher druckten, verpackten, auf Paletten stapelten und den Versand organisierten, die Mitarbeiter der Spedition, vom Sachbearbeiter über die Buchhaltung bis zum LKW-Fahrer, Marcus und sein Team, die sich um das Einpacken und Versenden unserer Bücher kümmerten, die Post/DHL, die die Bücher zu unseren Kunden brachten und nicht zuletzt meine Angehörigen, die in den kommenden Wochen unsere Wohnzimmer-Produktionslinie weiterhin am Laufen hielten.

Und alle diese fleißigen Menschen wollten natürlich bezahlt werden (mal abgesehen von meiner Familie). Dabei – ich erwähnte es bereits – hatte mir Amazon bis zu diesem Zeitpunkt noch gar kein Geld ausbezahlt.

Pro verkauftem Buch würde ich etwa acht Euro brutto verdienen, hatte ich grob überschlagen, als Katharina mich beim ersten Interview gefragt hatte. Sehr grob, wie sich schnell herausstellen sollte. Und zu kurz gedacht. Denn in meiner Rechnung hatte ich nur die Druckkosten, die Amazon-Gebühren und das Porto berücksichtigt. Nun arbeiteten wir aber mit Dienstleistern zusammen, die auch ihr Stück vom Kuchen abbekamen. Wir verkauften an Buchläden, die natürlich als Wiederverkäufer einen Rabatt und ein vierwöchiges Zahlungsziel erhielten. Dazu die Einkommensteuer, denn von einer Hobby-Nebentätigkeit konnte nun beim besten Willen keine Rede mehr sein. Obwohl ich immer mehr Bücher verkaufte, wurde unser Konto also immer leerer, weil die Ausgaben explodierten, mittlerweile hatten wir schon über 20 000 Euro allein fürs Porto ausgegeben. Es ging so weit, dass wir sogar überlegten, einen Kredit aufzunehmen. Für Brot und Käse reichte es gerade noch, aber längst nicht mehr für die nächste Rechnung der Druckerei.

Kurz bevor diese fällig war, etwa einen Monat nach Veröffentlichung meines Buchs, überwies Amazon endlich die aufgelaufenen Einnahmen aus dem Verkauf.

Ich schaute auf meinen Kontoauszug und musste erst einmal tief Luft holen – so viel Geld hatte ich noch nie auf dem Konto! Was für eine Freude, nun endlich all den Unterstützern und Lieferanten, die ja teilweise die Zahlung gestundet hatten, ihr Geld geben zu können. Die Sorgen und das schlechte Gewissen wegen der offenen Rechnungen waren verflogen. Die vielen schlafarmen Nächte, der enorme Stress der vergangenen Wochen, die Arbeit und Liebe, die ich in die Backrezepte, die Fotos und die Buchgestaltung gesteckt hatte, hatten sich doch gelohnt. Wir sind in dieser Zeit so oft ins kalte Wasser gesprungen, haben uns auf so vielen Gebieten ausprobiert, funktionert wie Maschinen, haben uns bei Freunden und Familie rar machen müssen, auch unseren Kindern einiges zugemutet und hatten immer wieder Zweifel, ob unser Weg der richtige war. Nun war ich erleichtert und glücklich, dass all das nicht umsonst war.

Am Montag sagte ich das so lukrative Angebot vom Verlag endgültig ab. Hendrik, der Jurist, und Nick, ein Autor, der mir schon bei der Entwicklung des Buchs mit vielen wertvollen Tipps eine große Hilfe war, hatten sich den Vertrag angesehen und bekräftigten uns in unserer Entscheidung. Auch weitere Anfragen anderer großer Verlage, die noch folgten, lehnte ich ab. Nicht immer fiel mir das leicht. Manchmal hatte ich schon den Gedanken: Bin ich eigentlich verrückt, die Angebote alle auszuschlagen? Machte ich vielleicht doch einen riesigen Fehler? Ich hörte in mich hinein. Nein, es fühlte sich richtig an. Und ich bin Markus noch heute so unglaublich dankbar dafür, dass er damals gesagt hatte: Wir machen das selbst! Nur deswegen sind wir immer noch komplett frei in allen unseren Entscheidungen. DANKE, Markus!

Und noch etwas stellte sich heraus: Durch unsere Organisation, die wir inzwischen aufgebaut hatten, und unser Netzwerk an Lieferanten und Dienstleistern konnten wir mit Fug und Recht behaupten, ein Verlag zu sein.

Den nannten wir »DplusA Verlag«. Klar denken viele: D steht für Dana und A für Altekrüger. So ist das aber nicht. Als Markus und ich uns kennenlernten und zum Anfang unserer Beziehung einmal ganz romantisch im Wald spazieren gingen, war da ein Baum, in dessen Rinde die zwei Initialen »D+A« geritzt waren. Markus sagte:

»Guck mal Dana, das ist nur für uns gemacht!«

Ich schaute etwas überrascht und sagte:

»Ja, das D verstehe ich. Aber wer ist A?«

»Tjaa, da hast du allerdings recht. Irgendwie heiße ich ja Markus ...«

Seitdem bezeichnen wir beide uns als D+A.

———•———

In unserem Reihenhaus wurde es im Dezember ganz schön eng. Die Bude war bis unters Dach gerammelt voll: Meine Schwester schlief mit ihrem Sohn Kubi in seinem ausgebauten Zimmer im Keller. Die Kinder hatten wie gewohnt ihr Kinderzimmer, meine Eltern zogen in unser Schlafzimmer, und Markus und ich wichen auf das Gästezimmer aus. Das war im zweiten Stock, dort oben wäre Papa mit seinem ramponierten Knie nur unter Schmerzen raufgekommen.

Und dann war da noch unser Wohnzimmer, das man beleidigt hätte, hätte man es »wohnlich« genannt. Es glich eher einer Mischung aus Postfiliale und Weihnachtsmannzentrale: In der Ecke stand unser kleiner geschmückter grüner Weihnachtsbaum und es wirkte, als ob wir für Santa Claus den Geschenkeversand übernommen hätten. Auch die Zeitung berichtete wieder und titelte: »Hier BACKEN alle mit an«.

An der langen Wand gegenüber unseres Esstischs stapelten sich etwa achtzig braune Kartons, von denen jeder zwölf

Bücher enthielt. Auf dem Esstisch standen unsere Rechner, Adresslisten, Paketbandabroller, Stifte und Briefmarken, nur für unsere gemeinsamen Mahlzeiten räumten wir ihn frei. Auf dem Sideboard neben dem Tisch befand sich unser Drucker, daneben Ordner mit Ein- und Ausgangsbelegen und Lieferantenverträgen und einige Pakete mit Adressetiketten. Vor unserem alten weißen Buffetschrank waren die Kartons mit den Versandtaschen aufgereiht sowie oft auch einige schon am Abend gepackte, aber unfrankierte Sendungen, die darauf warteten, dass bei irgendeiner Postfiliale im Umkreis von zehn Kilometern wieder Briefmarkenrollen verfügbar waren. Gegenüber dem Schrank, auf der anderen Seite des Zimmers, standen die riesigen Rollen mit Luftpolsterfolien, daneben zwei deckenhohe Stapel mit gelben Postkisten. Auf dem Boden lagen die Schablone, ein Brett, ein Cuttermesser und eine Schere zum Zuschneiden der Folien. Manchmal fanden wir beim Aufräumen zufällig eines unserer Kinder:

»Ach, da hast du dich versteckt!«

———— • ————

Wie unsere Produktionslinie genau funktionierte, fasste unser Prozessbeauftragter Markus für uns alle wie folgt anschaulich zusammen:

Verantwortlich: Dana

Vorbereitende Prozessschritte:

1. Schritt
Was: Zurechtschneiden der Folien
Wo: Wohnzimmerboden
Wer: Verfügbare Person mit belastbaren Knien und Lust auf diese unbeliebte Tätigkeit (meist Dana)

2. Schritt

Was: Erstellung der Rechnungen, Lieferscheine und Adressetiketten

Wo: Esstisch

Wer: Markus

3. Schritt

Was: Arbeitsplätze mit Material (Briefmarkenrollen, Folien, Umschläge, Postkisten) ausstatten

Wo: Gesamte Produktionslinie

Wer: Jeder für seinen Arbeitsbereich

Prozessschritte in der Produktionslinie:

4. Schritt

Was: Bücher auspacken und stapeln

Wo: Sessel am Terrassenfenster

Wer: Verfügbare Person mit kräftigen Armen und gesundem Rücken

5. Schritt

Was: Bücher mit Folie umwickeln und in Versandtasche eintüten

Wo: Sessel am Terrassenfenster

Wer: Papa

6. Schritt

Was: Rechnung oder Lieferschein eintüten, Umschlag zukleben und Adressetikett aufbringen

Wo: Sofaende Fensterseite

Wer: Mama

7. Schritt

Was: Porto aufbringen und Sendung in Postkiste stellen

Wo: Sofaende Küchenseite

Wer: Geschwister

8. Schritt

Was: Gelbe Postkisten aus der Produktionslinie
      transportieren, stapeln und leere Postkisten
      am Sofaende Küchenseite bereitstellen
Wo: Wohnzimmer
Wer: Kubi

9. Schritt

Was: Volle Postkisten zum Auto bringen
Wo: Vom Wohnzimmer zum Parkplatz
Wer: Markus (morgens vor der Fahrt zur Kita)

————— • • —————

In die Umschläge passten maximal zwei Bücher. Drei Bücher
und mehr verpackten wir in Kartons. Das geschah zwischen
Sofa und Fernseher. Diese Aufgabe übernahmen meist Kubi
und unser erster Angestellter Jens.

Zu Beginn der Abendschicht verglich Markus die Zahlungs-
eingänge unseres Postbank-Kontos mit den Buchbestellungen über unsere Homepage. Die Exemplare für die Kunden,
die per Vorkasse bezahlt hatten, konnten wir nun eintüten.
Anschließend fasste er die Bestellungen über Amazon und
die der Buchhandlungen zusammen und bereitete die Lieferscheine, Rechnungen und Adressetiketten vor. Für einen
reibungslosen Ablauf hatte Markus bereits alle Bestellungen
nach Menge, Portowert, Begleitdokument (Rechnung oder
Lieferschein) und Zielland sortiert. Einen Teil davon druckte
er für uns aus, die anderen schickte er zu Marcus von der MBV
nach Buchholz. Dort schaffte das Team pro Tag bis zu 1000
Bücher. Unser Tagesrekord zu Hause lag in Vollbesetzung bei
über 700 Sendungen – das entspricht ca. 34 Postkisten – aber
dafür mussten wir bis weit nach Mitternacht packen.

Bei dem Gedanken daran, wie sauer ich auf Markus gewesen war, als er am ersten Tag stundenlang an seinen Listen
gebastelt hatte, musste ich schmunzeln. Diese Mengen hätten

wir handschriftlich, so wie ich es ursprünglich in meiner Ungeduld wollte, doch niemals bewältigt!

Tagsüber packten wir zu Hause die Sendungen, für die uns Markus am Vorabend die Dokumente ausgedruckt hatte. Meine Eltern gingen meist gegen Mitternacht ins Bett, Markus und ich gegen 2 Uhr. Das war immerhin eine Verbesserung im Vergleich zu Anfang Dezember, als 4 Uhr üblich war. Jetzt waren immerhin vier bis fünf Stunden Schlaf drin, vereinzelt konnten wir mit sechs Stunden geradezu ausschlafen. Ganz spurlos sind diese Wochen nicht an uns vorübergezogen: So machte sich mein Nacken durch das viele Arbeiten immer wieder schmerzhaft bemerkbar, ein Problem, das mich übrigens heute noch beschäftigt.

Mit unseren Lieferanten und Dienstleistern bildeten wir mittlerweile ein eingespieltes Team. Ich bestellte gegebenenfalls neue Bücher und schaute, dass wir weder in Buchholz noch zu Hause einen Engpass bekamen. Nun endlich hatte ich etwas mehr Luft. Aber Zeit zum Durchatmen blieb nicht, ich musste diese Gelegenheit dringend nutzen, unsere Prozesse zu optimieren.

Besonders arbeitsintensiv waren für uns die vielen Einzelbestellungen der Buchläden. Wenn irgendwo in Deutschland (oder Österreich, der Schweiz, Liechtenstein, Luxemburg, Dänemark, Belgien, Frankreich oder Südtirol) ein Kunde in einer Buchhandlung nach »Abnehmen mit Brot & Kuchen« fragte, landete eine Bestellung dieses Geschäfts in unserem Posteingang, meist in Verbindung mit der Anfrage nach Nachlässen, Lieferbedingungen und -zeiten. Diese Mails musste ich beantworten, häufig sogar noch die Annahme der Konditionen abwarten, bevor ich die Bestellung in eine von Markus erstellte Liste eintragen konnte.

Und dann gab es da noch die Aufträge der größten deutschen Buchhandelskette: Täglich ab ca. 22.40 Uhr öffnete deren Zentralrechner seine Schleusen und die Welle der Bestellmails von Filialen aus der ganzen Republik sturmflutete unseren Posteingang! Dabei ging es nicht nur darum, keine

Bestellung zu übersehen und die bestellte Menge Bücher in die richtige Filiale zu schicken, sondern auch die zugehörige Rechnung an eine der sechs Gesellschaften dieser Handelsgruppe steuerlich korrekt zu adressieren. Für diesen Kunden hatte Markus eine eigene Liste erstellt, die Kubi täglich mit den Aufträgen füllte.

In der Zeit bis Weihnachten bekamen wir von den Buchläden etwa sechzig Bestellungen täglich. Dieser Wahnsinn musste doch auch anders zu organisieren sein. Ich versuchte, mit dem Buchgroßhandel Kontakt aufzunehmen, aber es gelang mir nicht. Mir fehlten – so wie der Verlag, dem ich abgesagt hatte, prophezeit hatte – die Ansprechpartner, die richtigen Durchwahlnummern. Ich erreichte nur die Hotlines, die mich mit dem Rückruf eines verantwortlichen Mitarbeiters oder einer Mitarbeiterin vertrösteten. Auch bei den großen Handelsketten bekam ich keinen Zugang zu den Entscheidern im Einkauf. Wir waren mitten in der Vorweihnachtszeit und alle waren voll beschäftigt.

Meine Mutter kochte derweil und erledigte den Haushalt. Papa und Gülhan packten wie eine Maschine, und wenn wir mit den Tageslisten fertig waren, fuhren sie mit den Öffentlichen in die Stadt. Dort fühlten sie sich wohl, trafen Familie und Freunde und sammelten Energie für die Abendschicht.

»Räumt mal den Tisch, es gibt wieder Döner-Buffet!«, rief Papa noch an der Tür, als er mit Mama und Gülhan und vollen Einkaufstüten nach Hause kam.

»Das Fleisch ist doch bestimmt wieder kalt geworden. Altona ist nicht gerade um die Ecke. Wir müssen es noch aufwärmen«, erwiderte Mama.

»Brot und Salat sind mit dabei!«

»Hurra, Dede, du bist der Beste!«, freuten sich die Kinder. Auch wenn wir abends meistens warm aßen – ein Döner-Buffet war in diesen anstrengenden Tagen auch für uns eine willkommene Abwechslung, mit der uns Papa gelegentlich eine Freude machte.

Wir packten täglich, auch an den Wochenenden. Kurz vor

Weihnachten klinkte sich meine Schwester Gülhan aus dem Packteam aus – ihr »Urlaub« war zu Ende und sie musste wieder zurück nach Izmir. Dabei hatte sie sich in der kurzen Zeit zum wahren Eintüt-Profi entwickelt, niemand war so schnell an der Klebelasche wie sie.

Dann kamen die Weihnachtsfeiertage. Wir nahmen uns das erste Mal wieder frei und fuhren nach Detmold zu meinen Schwiegereltern. Mehr als zwei Tage waren allerdings nicht drin, und doch fühlte es sich wie ein Kurzurlaub an. Es tat uns so gut, zumindest für eine kurze Zeit mal den Kopf auszuschalten. Aber Ausschlafen, wie wir uns das vorgestellt hatten, funktionierte nicht so ganz. Unsere Kinder wollten schon frühmorgens von Papa und Mama bespaßt werden. Ich konnte sie so gut verstehen.

Wir vermuteten, dass nach den Weihnachtsfeiertagen die Nachfrage abnehmen würde: Weihnachtsgeschenke braucht dann ja niemand mehr, und im Januar halten die Leute ihr Geld beisammen. Über diese Aussicht waren wir zwar traurig, freuten uns aber auf etwas Entspannung.

Doch wir irrten uns gewaltig. Schließlich ist der Januar der Monat der guten Vorsätze, in dem alle abnehmen möchten; das war mir vor einem Jahr ja genauso gegangen.

Die Nachfrage stieg sogar noch! Markus arbeitete weiterhin Vollzeit in seinem Job als Fuhrparkmanager und ich versuchte, tagsüber alles irgendwie so zu regeln, dass wir abends gemeinsam packen konnten. Warum kam nicht endlich eine Rückmeldung der Buchgroßhändler und -ketten? Sie mussten doch längst meine Mails gelesen und die tägliche Nachfrage ihrer Filialen wahrgenommen haben.

Und tatsächlich. Die Buchhandlung Osiander, mit vielen Läden im Südwesten Deutschlands stark vertreten, rief mich an:

»Wir möchten gerne Ihr Buch bei uns listen. Können Sie mir bitte Ihre Konditionen nennen?«

»Äh ... welche Konditionen? Also der Buchhändler bekommt bei uns ...«

»Nein, ich meine Ihre Konditionen für Großabnehmer. Wir

haben da unsere Vordrucke, bitte füllen Sie das aus und schicken es mir unterschrieben zurück.«

Dann kam die E-Mail mit dem Anhang. Ratlos saß ich vor dem Dokument und wusste überhaupt nicht, was ich eintragen sollte.

»Markus, störe ich dich gerade?«

»Nee, alles gut, ich kann mich eh nicht auf die Arbeit konzentrieren. Was gibt's?«

»Endlich hat sich eine von den Ketten gemeldet. Osiander. Was wollen wir für einen Rabatt gewähren? Wie lange sollen sie Remissionsrecht haben? Was meinst du, sollen wir Skonto einräumen? Was sind Freistücke, WKZ und Valuta?«

»Boah, keine Ahnung. Lass uns das heute Abend mal anschauen. Wir wissen ja gar nicht, was Usus ist.«

Woher auch? Wir kannten leider niemanden, der uns weiterhelfen konnte. Den Rabatt für Buchhändler hatte uns mal die Buchhandlung in Fuhlsbüttel genannt: 25 - 40 Prozent vom Verkaufspreis wären üblich. Das war schon mal 'ne Hausnummer. Aber wenn wir nun zu viel Rabatt gewährten, würden wir auf eine Menge Geld verzichten. Und gewährten wir zu wenig, liefen wir Gefahr, dass Osiander ablehnte und wir weiter die Einzelbestellungen von den Filialen bekamen. Wen sollte ich in diesem Fall fragen? Ich rief die einzige Person an, die mir weiterhelfen konnte, die Einkäuferin von Osiander.

»Ich weiß, dass es bestimmt nicht üblich ist, aber Sie kennen unsere Geschichte. Wir haben nicht viel Erfahrung in der Buchbranche. Ich gebe Ihnen die gewünschten Konditionen mit einer Bitte: Ich würde Sie gerne immer wieder anrufen, wenn ich Ihre Expertise brauche. Ich weiß ja noch nicht mal, was WKZ bedeutet.«

»So machen wir das, Frau Altekrüger. Und WKZ bedeutet übrigens Werbekostenzuschuss. Das kommt nur dann infrage, wenn Sie Ihr Buch bei uns in den Filialen bewerben möchten.«

Wir wurden uns einig, das war großartig! So rief ich sie immer an, wenn ich beim Aushandeln der Bedingungen mit anderen Handelsgruppen etwas nicht verstand oder Unterstützung brauchte. Die Gespräche mit den Einkäufern verliefen doch glatter als ich befürchtet hatte. Unsere neuen Ansprechpartner freuten sich für uns, waren hilfsbereit und nahmen sich Zeit für Fragen.

Nachdem wir im Laufe des Januars mit allen bedeutenden Buchhandelsketten und Großhändlern die Konditionen vereinbart hatten, lieferte unsere Druckerei die georderten Mengen ausschließlich direkt ans jeweilige Zentrallager. So mussten wir praktisch keine Bücher mehr an einzelne Buchläden schicken.

Somit verblieb bei uns »nur« noch der Versand der Amazon-Bestellungen, im Januar immerhin durchschnittlich ca. 1350 pro Werktag. Eigentlich wollten wir bereits ab November das Versandangebot von Amazon nutzen und hatten dafür 1000 Bücher mit speziellem, Amazon-konformen Barcode auf der Rückseite in deren Lager geschickt. Allerdings wurde die Palette in der Vorweihnachtszeit einfach in die Ecke gestellt. Doch am 10. Januar wurde sie endlich eingecheckt. Von nun an übernahm Amazon in unserem Auftrag alle Tätigkeiten, die in Zusammenhang mit einer Buchbestellung über die Plattform anfielen: die Zahlungsabwicklung, den Versand an die Kunden sowie die Bearbeitung von Rückläufern und Reklamationen. Die ersten 1000 Bücher waren zwar umgehend ausverkauft, aber ich hatte bereits weitere 10 000 Exemplare drucken und ins Lager nach Dortmund bringen lassen.

Den Versand ins Amazon-Lager übernahm unsere Druckerei. Mein Part war es, die Lieferungen bei Amazon anzukündigen und die erhaltenen Daten wie Sendungsnummern und Kartonetiketten an die Druckerei weiterzugeben. Gleichzeitig musste ich immer unseren Lagerbestand im Blick behalten. In welches der vielen Amazon-Lager in Deutschland unsere Ware genau gehen sollte und wann wir ein Zeitfenster zur Anlieferung dort bekamen, erfuhr ich immer erst ganz kurzfristig, was stets eine logistische Herausforderung für alle Beteiligten bedeutete. Und nicht immer lief alles glatt.

»Herr Gastinger, unsere Lieferung ist noch immer nicht

bei Amazon angekommen. Ich habe da schon im Lager mit jemanden gesprochen, dort ist nichts. Sie meinten doch zu mir, die Bücher wären gestern schon angeliefert worden!«

»Frau Altekrüger, es ist Samstag, und ich bin im Stadion. Ich kann hier nicht schauen, wie die Lage ist.«

»Unser Buch hat bei Amazon zurzeit den Vermerk ›Nicht lieferbar‹. Da gehen uns große Umsätze durch die Lappen!«

»Ich schaue mal, ob ich jemanden von der Spedition erreiche.«

Dieses Gespräch hat es ziemlich genau so gegeben. Peinlicherweise. Es tut mir sehr leid, Herr Gastinger. Sie haben sich tatsächlich noch gemeldet. Meine Bücher waren einfach in einem anderen Lager bei Amazon, wo sie noch nicht eingecheckt waren. Es kostete uns viel Geld, aber Sie konnten nichts dafür.

Durch unsere Optimierungsmaßnahmen waren wir im Januar 2019 in der Lage, unsere Kunden mit ca. 50 000 bestellten Büchern zu beliefern (zur Erinnerung: Markus und ich hatten uns im Oktober nach längerer Diskussion auf eine Erstauflage von 1000 Stück geeinigt). Ich musste zusehen, rechtzeitig die nächste Auflage zu bestellen, denn so große Mengen Papier waren nicht ohne weiteres auf dem Weltmarkt aufzutreiben. Aber unserer Druckerei gelang es, und der Buchversand lief reibungslos.

Als sich zeigte, dass der Verkaufserfolg vom ersten Band kein Strohfeuer war, sondern sich bei »Abnehmen mit Brot & Kuchen Teil 2« wiederholte, wollte Amazon uns die Bücher abkaufen und selbst am Markt anbieten. Das klang auf den ersten Blick vielversprechend, aber die Bedingungen und die Prozesse der täglichen Belieferung und Rücknahme nicht verkaufter Bücher waren für uns nicht leistbar und bargen zu viele Risiken. So platzte das Geschäft.

Das war für uns zunächst kein Problem, alles lief so weiter wie bisher. Doch nach kurzer Zeit stellten wir fest, dass wir über Amazon fast gar keine Bücher mehr verkauften. Eine kurze Recherche ergab, dass der erste Anbieter der Bestsellerreihe »Abnehmen mit Brot & Kuchen« nicht mehr die

Wölkchenbäckerei, sondern Amazon selbst war! Offensichtlich bezogen sie unsere Bücher beim Großhandel. Auch das wäre in Ordnung gewesen, hätten wir nicht dummerweise zu dem Zeitpunkt noch fast 30 000 unserer eigenen Bücher in unserem Amazon-Regal liegen gehabt, die in den folgenden Monaten Staub ansetzten und Lagergebühren verschlangen.

Die Lösung lag in unseren Augen natürlich nahe: Wenn diese Bücher sowieso bei Amazon im Depot stehen, können sie die doch nehmen und an ihre Kunden verschicken. Darum bot ich ihnen diese Bücher zu einem günstigen Preis an. Doch Amazon lehnte ab.

Also entschieden wir uns, Amazon zu beauftragen, uns alle Bücher bis auf eine Restmenge zurückzuschicken. Der Plan war, den Amazon-Barcode auf der Rückseite jedes einzelnen Buches mit einem ISBN-Barcodeaufkleber zu überdecken, um es an den Buchhandel liefern zu können.

Markus erstellte Rücksendeaufträge über nicht weniger als 24 000 Exemplare, das sind 24 Europaletten!

Ursprünglich hatten wir die Bücher in Kartons mit zehn bis zwölf Exemplaren gut geschützt und sauber verpackt ins Amazon-Lager geschickt. Nun staunten die Kollegen in Köln aber ganz schön, als dort kubikmetergroße Transportbehälter mit jeweils mehr als 1000 einzelnen, vielfach ramponierten Büchern eintrafen. Wie sollten wir nun damit umgehen?

Wir brauchten zunächst einen Überblick. Also musste das Team in Köln jedes einzelne begutachten und anhand von Beispielfotos mit zwanzig verschiedenen Zustandsstufen entscheiden, ob ein Exemplar noch verkaufsfähig war oder vernichtet werden musste. Dabei stellten wir zudem fest, dass ein Teil der abgerufenen Bücher fehlte.

Der Sachschaden und der Arbeitsaufwand, den wir betrieben, waren beträchtlich. Natürlich bemühten wir uns, eine Erstattung zu bekommen. Aber trotz umfangreicher Dokumentation, etlichen fruchtlosen E-Mails mit einer Fülle verschiedener Ansprechpartner und einem monatelangen Hin und Her gelang uns das nicht, und wir gaben irgendwann entnervt auf. Auf einen langwierigen Gerichtsprozess hatten wir dann doch keine Lust.

Das Ende unserer Zusammenarbeit mit Amazon fühlte sich an wie die Ernüchterung nach einer wilden, rauschenden Party, nach der man am nächsten Tag aufräumen muss und feststellt, dass viele Sekt- und Bierflaschen zwar geöffnet, aber nicht ausgetrunken wurden und Kronkorken den eigentlich noch genießbaren Kartoffelsalat ruinieren. Was macht man bloß damit, alles wegschmeißen? Egal, das Erlebnis bleibt unvergesslich.

———•———

Doch kommen wir zurück zum Januar 2019. Der Schreibtisch direkt vor dem Fernseher war inzwischen abgebaut. Meine Weiterbildung hatte ich nach zwei mit Bravour bestandenen Kurseinheiten in HTML und Online-Marketing (100 von 100 möglichen Punkten) abgebrochen und den Rechner wieder zurückgegeben. Arbeitslos war ich ja nun wirklich nicht mehr. Ganz im Gegenteil. Ich musste jetzt sogar ein Gewerbe anmelden. Und so ging ich zum Gewerbeamt und erläuterte der Dame hinterm Schreibtisch, was ich in den letzten Wochen erlebt hatte und womit ich zurzeit mein Geld verdiente:
»Ist es Ihre Neben- oder Haupttätigkeit?«
»Haupttätigkeit.«
»Okay, was ist denn Ihr Gewerbe oder Beruf?«
»Autorin. Wenn man ein Backbuch schreibt, ist man dann auch eine Autorin, oder?«
»Ja, klar.«
»Ah super. Ach ja, ich bin auch Verlegerin.«

Ich kam mir irgendwie total blöd vor. Was hatte die Beamtin bloß gedacht? Aber ich war ganz stolz. Da stand es nun schwarz auf weiß auf meinem Gewerbeschein: »Autorin und Verlag«. Eigentlich hätte ich dazu auch Logistikmanagerin, Influencerin, HTML-Programmiererin, Buchsetzerin, Luftpolsterfolienzuschneiderin, Food-Fotografin und Verpackungsspezialistin eintragen lassen sollen. Und Talkshow-Gast, denn immer häufiger bekam ich mittlerweile Anfragen, im TV aufzutreten ...

13.
TV-Auftritte, Talkshows und das Tarte-Desaster

»Noch eine Minute!«
Gleich geht es also los. Ich live vor der ganzen Nation. In welche Kamera sollte ich noch mal schauen? Rechts ist Herr Lafer schon am Backen und unterhält sich mit dem Moderator Steffen Hallaschka. Gewohnt entspannt, das macht er ja auch schon seit Jahren. Katrin, die wie ich zum ersten Mal live im Fernsehen ist – beim Adventsbacken bei »Stern TV« –, guckt aufgeregt zu mir rüber. Ich schaue sie mit großen Augen an und ziehe die Brauen hoch, um ihr zu signalisieren, dass auch ich nervös bin.
»Noch dreißig Sekunden!«
Ich zupfe an meinem senfgelben Samtpullover, den ich zusammen mit dem schwarzen Rock zehn Minuten vor Abfahrt am Bahnhof gekauft hatte und schon heißt es: »Noch zehn!«
Es geht los. Jetzt bin ich tatsächlich live im Fernsehen. Was sage ich bloß gleich? Da kommt der Moderator auch schon zu mir in die Studioküche und will wissen, wie kalorienarmer Stollen funktioniert und wie ich den ohne Zucker überhaupt süß bekomme.
»Da gibt es verschiedene Varianten. Heute habe ich mich für Birkenzucker entschieden. Xylit nennt sich das, wird aus Birkenrinde gewonnen und verhält sich eigentlich genauso wie Zucker. Kann man eins zu eins nehmen. Und hat viel weniger Kalorien, ist gut für Diabetiker und bekämpft sogar Karies«, erkläre ich.
Ich spüre den misstrauischen Blick von Herrn Lafer auf meine Zutaten. Als ob er nicht glauben kann, dass mein Stollen ohne Butter funktioniert, und er macht einen entsprechenden Spruch. »Schmeckt des ...?«, fragt er skeptisch und mit einem schelmischen Lächeln. Ist das so ein Scherz, den die TV-Köche gerne untereinander machen? Meint er das nicht so, oder meint er das genau so und ich muss mich verteidigen?
»Ich werde Sie davon überzeugen«, kontere ich zuversichtlich und die Zuschauer im Studio lachen. Zum Probieren kommt er dann aber leider nicht mehr.

»Morgen hat sich das Fernsehen angekündigt. Wir sollten vielleicht aufräumen.«

»Ist doch schon aufgeräumt«, sagte Mama. »Mehr geht nicht, genau deswegen kommen sie doch.« Recht hatte sie. Dennoch war es nicht schön für mich, unter diesen Umständen Gäste zu empfangen. Dieses Gefühl hat sich über die Zeit relativiert. Bei uns sieht es auch heute, nach Umzug und mittlerweile besserer Organisation, immer noch chaotisch aus.

Wenn das Fernsehen aufkreuzt, sind es meistens drei Personen. Eine von der Redaktion, eine für die Kamera und eine für den Ton.

»Schütten Sie das Mehl mit schön viel Gefühl in die Schüssel. Die Kamera macht eine Nahaufnahme.»

»Schlagen Sie die Eier langsam auf. Rühren Sie den Teig, der Kameramann macht gleich eine Aufnahme über die Schulter.«

»Aber mein Rührgerät ist alt und sehr einfach.«

»Ist doch toll, so ist es schön authentisch.«

Markus musste mit ran. Er wurde interviewt und am Rechner gefilmt. Auch beim gemeinsamen Packen wurden wir aufgenommen. Dafür wurden jede Menge Kartons, Kisten, Bücher und Umschläge auf dem Tisch gestapelt und mit uns in Szene gesetzt. Das Aufräumen hätten wir uns auch schenken können, das Fernsehteam wollte unbedingt das große Durcheinander.

Uns dann später im Fernsehen in unserer eigenen Wohnung zu sehen, war schon komisch. Immer wenn ein Beitrag lief, versammelten wir uns auf dem Sofa und schauten ganz gespannt auf den Bildschirm. Und die weitere Familie in Hamburg und in der Türkei wurde persönlich von meinem Papa informiert.

»Ja, jetzt gleich. Ja genau, schalt an. Güldane ist im Fernsehen!«, rief mein Vater in den Hörer, als sein Bruder nicht sofort verstand, was er denn von ihm wollte.

Die Aufzeichnungen konnte ich mit meiner Familie gemeinsam sehen, das war toll, aber meinen allerersten

Fernsehauftritt konnte ich nicht mit ihnen zusammen verfolgen, das war der Live-Auftritt bei Stern TV in Köln.

Es war aufregend. Die ganze Bahnfahrt dachte ich immer wieder: Was, wenn irgendwas schiefgeht? Was, wenn ich mich verspreche? Ich sah mich schon ein Ei fallen lassen, ausrutschen und beim Hinfallen noch den Hallaschka und den Tisch mitnehmen.

In Köln angekommen, erwartete mich bereits ein Fahrer, der mir meinen kleinen Reisekoffer mit den drei verschiedenen Outfits und ein paar meiner Bücher abnahm und die Tür zu einer schwarzen Limousine öffnete. Meine Güte, ich mit einem Chauffeur in so einem Auto! Am liebsten hätte ich Markus sofort per Video angerufen und es ihm gezeigt. Aber das war mir dann doch zu peinlich. Wir fuhren direkt ins Studio, wo ich erst einmal warten und warten musste. Dann wurde ich in die Maske gerufen.

»Wie möchten Sie es haben?«, fragte die Maskenbildnerin ganz karg. Auf die »Ich bin zum ersten Mal im Fernsehen«-Gespräche hatte sie keine Lust. Das sah man ihr deutlich an, sie hatte wahrscheinlich schon so viele Leute geschminkt und frisiert. Ich hielt den Mund und ließ es geschehen.

»Ganz dezent und natürlich. Die Haare bitte zum Zopf.«
Ich wurde für meinen Geschmack stark geschminkt und der geflochtene Zopf gefiel mir eigentlich gar nicht. Aber aufmucken? Hier bei den Profis? Nee, dachte ich mir. Hat bestimmt seine Berechtigung, dass sie mich so vorbereitet.

Im Gästeraum war ich nicht allein. Katrin war mit einer Freundin aus der Nähe angereist und wollte ihre bekannten Bethmännchen zum Advent backen. Bethmännchen waren ihre Spezialität, die machte sie großartigerweise regelmäßig für einen guten Zweck. Auf einen Aufruf hin hatte sie sich bei Stern TV beworben und durfte beim Adventsbacken dabei sein. Sie freute sich sehr, Johann Lafer kennenzulernen, war ein großer Fan von ihm. Puh, wir waren beide nervös und versuchten, uns gegenseitig aufzumuntern.

Im Studio, als ich die Kameras, die Zuschauer und Techniker

sah, war meine Aufregung plötzlich und zu meiner eigenen Überraschung völlig verschwunden. Klingt bestimmt komisch, aber ich fühlte mich nicht fremd. Ich kannte diese Atmosphäre. Lange hatte ich schon in Theaterhäusern gearbeitet und mochte diese Mischung aus Technik, Zeitdruck und Aufregung sehr. Jetzt musste ich zwar v o r der Kamera stehen, aber das war völlig okay.

Die Sendung lief gut. Danach rief mich Markus gleich an: »Du warst großartig, mein Schatz. Wir sind ganz stolz auf dich! Dein Papa hat sogar geweint.«

Mein Handy war voll mit Nachrichten und verpassten Anrufen.

Am nächsten Tag, vor der Heimfahrt, traf ich mich mit einem Künstlermanagement, das mich vorher kontaktiert hatte und mich unbedingt kennenlernen wollte. Ich hatte mir vorgenommen, mit allen, die mich für eine Zusammenarbeit anriefen, ein persönliches Gespräch zu führen und nach meinem Gefühl zu entscheiden. Es war ja auch spannend, so viele Menschen aus unterschiedlichen Bereichen zu treffen.

Das Interesse der Medien nahm nicht ab. Jede Woche hatte ich mindestens einen Fernsehtermin. Nach Stern TV war ich zu Gast bei »Mein Nachmittag« (NDR), dem »Frühstücksfernsehen« (Sat 1), »Guten Morgen Deutschland« (RTL) und »Live nach Neun« (ARD). Auch »RTL Punkt 12« und »Brisant« (ARD) zeigten Beiträge über meine Geschichte.

Daneben luden mich zahlreiche Radiosender ins Studio ein, darunter rbb 88,8, NDR 90,3, Radio Hamburg und hr1. Es war lustig, zum ersten Mal die Gesichter zu den Stimmen zu sehen, die ich zum Teil schon so lange kannte.

———— • ● • ————

Mein Buch hat es sogar bis nach Australien ins Dschungelcamp geschafft!

Ich saß mit meinen Freundinnen in der Bar »Zum Anker«

– endlich mal raus aus dem ganzen Pack-Wahnsinn zu Hause, einen Abend nicht ans Buch denken, einfach nur ausgehen, quatschen, mal wieder Spaß haben. Als ich mir gerade noch ein Bier bestellen wollte, klingelte mein Handy. Ümit, mein Bruder! Was wollte er bloß zu dieser Zeit?

»Dana, du wurdest gerade im Dschungelcamp erwähnt!« Waaas? – »Ja, die Moderatoren haben da eben so was gesagt wie ›»Abnehmen mit Brot & Kuchen‹ ist in Deutschland gerade Platz 1. Nur noch besser funktioniert Abnehmen ohne Brot und Kuchen, so wie bei uns im Dschungel!‹«, berichtete mein Bruder. Ich war total baff.

Und dann bekam ich die erste Einladung in eine Talkshow! Die Redaktion vom »Riverboat« (MDR) rief mich auf dem Handy an und fragte, ob ich mir zutrauen würde, bei ihnen aufzutreten: »In einer Talkshow? Ja! Ich habe mir schon als Studentin immer vorgestellt, dass ich mal bei Harald Schmidt sitze.«

Ups, hatte ich das gerade eben wirklich gesagt? Aber es stimmte. Ich wusste nicht wieso, aber ich hatte mir das schon so oft vorgestellt. Wie ich da sitze und von mir erzähle, total intelligent und gewitzt. Ja, ich wollte unbedingt in eine Talkshow!

»Hm, Frau Altekrüger, können Sie vor Leuten denn auch frei und gut sprechen? Unerfahrene Personen haben da manchmal Schwierigkeiten, wenn die Kamera angeht.«

»Nein, nein, ich kann das. Ich habe als Stadtführerin gearbeitet. Das fällt mir leicht.«

Ich hatte sie überzeugt.

Markus durfte mich nach Leipzig, wo die Sendung aufgezeichnet wurde, begleiten. Wir freuten uns riesig auf die kleine Auszeit und gingen in der Bahn noch mal die Gästeliste durch: Steffen Henssler, Ulla Kock am Brink, Günther Krause, Uwe Müssiggang, Maite Kelly und Mai Duong Kieu.

Markus munterte mich auf: »Das wird eine entspannte Runde, Dana. Das machst du schon.«

In Leipzig war ich zum ersten Mal, doch viel Zeit zum

Sightseeing blieb uns leider nicht. Wir wurden direkt vom Bahnhof von einem Fahrer, dieses Mal mit einem hellen Kastenwagen, abgeholt und ins Studio gebracht. Kastenwagen kannten wir von zu Hause und fühlten uns sofort wohl. Im Studio sollte ich für die Gäste noch backen. Also wurde ich in die Requisitenküche gebracht, die Zutaten waren schon für mich eingekauft. Es war eigentlich die Teeküche der Mitarbeiter und entsprechend dürftig ausgestattet. Mist, ich hatte glatt vergessen, nach einer Küchenwaage zu fragen! So buk ich auf Wunsch der Redaktion meine Schokotarte eben nach Augenmaß – und mit zu wenig Süße, wie sich später herausstellen sollte. Anschneiden und probieren konnte ich vorher ja nicht.

Markus war in der Zeit im Studio und beobachtete, wie Maite Kelly mit ihrem Pianisten den Auftritt in der Sendung probte.

Im Gästebereich wurde ich freundlich begrüßt und in meine Garderobe geführt. Wirklich m e i n e, denn da stand »Güldane Altekrüger« dran. Nachdem ich aus der Maske kam, holte Markus für uns ein Glas Sekt von der Bar im Gang, die nur für die Gäste und nur für den heutigen Abend aufgebaut war.

»Hier, zur Entspannung.«

Alle Gäste waren angekommen. Man nickte sich zu, keiner kannte mich, aber ich sie. Der Moderator Jörg Kachelmann begrüßte uns und sagte, er würde sich auf meine Geschichte und die Sendung freuen. Kim Fisher sah mich von weitem und kam mit offenen Armen auf mich zu. Wollte sie vielleicht eine Person hinter mir umarmen? Ich schaute unauffällig über meine Schulter, aber da war niemand. Sie meinte tatsächlich mich. »Ist das eine tolle Geschichte! Ich habe über dich gelesen und bin total beeindruckt. Lasst euch mal drücken, ihr Wahnsinnigen!«

Was für eine herzliche Begrüßung. Ich freute mich sehr, da konnte ja jetzt nichts mehr schiefgehen. Sie nahm mich und Markus mit und stellte uns den weiteren Gästen vor.

Das war toll, ich fühlte mich gar nicht mehr fremd.

In der Sendung saß ich zwischen der Sängerin Maite Kelly und dem ehemaligen Bundestrainer der deutschen Nationalmannschaft im Biathlon, Uwe Müssiggang. Die Live-Aufzeichnung begann, ich war der erste Gast. Mein Gebäck wurde an die Gäste verteilt. Alle durften die Schokotarte probieren. Herr Kachelmann fragte Frau Kelly, wie es ihr denn schmecken würde.

Sie kaute und druckste rum. Auf mehrmalige Nachfrage sagte sie dann: »Sagen wir es mal so. Ich könnte den jetzt nicht essen. Ich bin wirklich dafür, wenn Kuchen, dann richtig.«

Ihr würde der »Spaß« und die »Explosion im Kopf« aus der Kombination von Fett und Zucker fehlen.

Ui, das war jetzt hart. Als dann Ulla Kock am Brink auch noch sagte, die Tarte sei zwar schön »klitschig«, aber dass sie ein bisschen Angst hätte, dass alles »in den Zähnen bleibt« und Steffen Henssler anmerkte, dass er bei Kuchen gar nicht auf Butter, Zucker und Mehl verzichten will, musste ich schlucken.

Sollte mein heiß ersehnter Auftritt in einer Talkshow etwa gerade zu einem Albtraum werden? Doch da riss Kim Fisher das Ruder herum.

Sie berichtete von meinen Rezeptideen, von unseren Packaktionen und den Verkaufszahlen des Buchs. Dazu zeigte sie meine mitgebrachten Fotos von unserer Wohnzimmer-Packfiliale. Alle waren plötzlich still, sichtlich beeindruckt von meiner Geschichte hörten sie mir interessiert zu.

Ich erzählte, dass ein Kuchen ohne Zucker und Butter natürlich nicht eins zu eins schmecken kann wie ein klassischer Kuchen. Dass ich eine Alternative für alle bieten möchte, die vielleicht aus optischen oder gesundheitlichen Gründen auf Gebäck allgemein verzichten müssen. Dass meine Rezepte kein Hokuspokus oder exotischer Trend sind, sondern jeder die Zutaten im nächsten Laden kaufen und sie nachbacken kann.

Trotz des »Tarte-Desasters« wurde es dann doch eine richtig schöne Sendung, auf die ich unheimlich viele Rückmeldungen bekam, viele lobten, wie souverän ich mich geschlagen hatte. Vielleicht war es gar nicht so schlecht, dass mein erster Talk-show-Besuch so holprig startete. Denn seither ist dieser Auftritt nicht nur bei mir, sondern auch beim Team vom Riverboat unvergessen. Und der Kontakt zu Kim Fisher, die mich so großartig aus der Tarte-Nummer gerettet hat, ist bis heute ein ganz besonderer geblieben.

Als die Sendung vorbei war, machten wir noch ein Gruppenfoto. Die Zuschauer standen auf und fragten die Prominenten nach Autogrammen. Markus kam zu mir:

»Dreh dich mal um, Dana, da wartet jemand.«

Tatsächlich. Ein Mann hatte mein Foto ausgedruckt und wollte ein Autogramm von mir. Von mir! Und dann gab ich das erste Autogramm meines Lebens. Und an dem Abend sogar noch drei weitere.

Mittlerweile war ich übrigens noch zweimal Talkgast im Riverboat und wurde auch zu Markus Lanz und in die NDR-Talkshow eingeladen.

Meist sollte ich in die Sendungen etwas Gebackenes mitbringen, darum habe ich schon so einige Kuchen, Brötchen und Baguettes im Zug quer durch Deutschland transportiert. Doch nicht immer kam das Gebäck so gut an. Ich erinnere mich noch an einen Auftritt in München. Wie gewünscht hatte ich im Gepäck ein Ciabatta, den cremigen Nudelsalat, Thunfischaufstrich und die knackigen Kichererbsen. Den halben Sonntag hatte ich mit der Vorbereitung verbracht, dafür sogar auf den Ausflug mit meinen Kindern verzichtet.

»Frau Altekrüger, Sie haben was mitgebracht?!?«

»Ja, sollte ich doch!«

»Nee, tut mir leid, das können wir nicht in der Sendung zeigen.«

»Das ist jetzt nicht Ihr Ernst! Ich habe alles aus Hamburg hierher gebracht.«

»Äh, ich versuche das zu klären. Sonst zeigen Sie doch mal, was Sie da mitgebracht haben.«

»Hier, wie besprochen, alles nach Rezepten aus meinem neuen Buch.«

»Also nee, das sieht echt nicht schön aus. Packen Sie mal wieder ein. Oder soll ich das für Sie wegschmeißen?«

»Auch das Brot?«

»Ja, gut, das Brot könnten wir versuchen ... Nee, das sieht vor der Kamera auch nicht gut aus.«

War ich sauer! Nicht nur, dass ich alles mitgeschleppt hatte. Jetzt wollten die meine leckeren Sachen auch noch wegschmeißen? Was dachten die denn, wie ein Ciabatta nach fast sieben Stunden Bahnfahrt aussieht?

Wenn ich von Freunden oder meiner Familie gefragt werde, wie es sich anfühlt, live in einer Sendung aufzutreten, dann wundern sich immer alle über meine Antwort, dass ich mich vor der Kamera total wohlfühle. Aber es ist tatsächlich so. Irreal wird es für mich erst, wenn ich mich hinterher selbst im Fernsehen sehe.

———•———

Riverboat-Moderatorin Kim Fisher:
»Es gibt diese ganz besonderen, blitzenden Talkshow-Momente. Interviews, an die sich der Zuschauer auch lange Zeit nach der Sendung noch erinnert. Danas erster, ja inzwischen fast legendärer Auftritt beim Riverboat gehört sicher dazu.
Vor dem eigentlichen Interview mit Dana wurde ihre Schokotarte an die anderen Gäste der Runde verteilt. Und dann passierte etwas, womit keiner von uns und schon gar nicht Dana gerechnet hatte – Maite Kelly schmeckte die Tarte nicht. Und das brachte sie auch ziemlich deutlich zum Ausdruck. Genauso wie Ulla Kock am Brink und Steffen Henssler. Und was machte Dana? Sie blieb so unglaublich authentisch und wahrhaftig. Gerade wenn Menschen verunsichert sind, reagieren sie ja oft genau gegensätzlich, werden arrogant oder patzig. Aber nicht Dana. Sie war zwar berührt, aber nicht getroffen. Statt sich zu verteidigen, erklärte sie einfach

ganz cool, warum ihre Tarte logischerweise auch gar nicht so schmecken kann, wie man es vielleicht gewohnt ist.

Ich bin immer pro Gast und hatte in diesem Moment sofort diesen Beschützerinstinkt, den Dana aber eigentlich gar nicht brauchte. Hätten wir vielleicht erst ihre Erfolgsstory schildern und dann den Kuchen verteilen lassen sollen? Aber als ich dann begann, Danas unglaubliche Geschichte zu erzählen, war die Tarte total vergessen und alle saßen nur noch mit offenen Mündern da und waren begeistert. Und am Ende war sie die Gekrönte. Ja, Dana fasziniert mit ihrer Geschichte. Denn sie zeigt, was alles möglich ist – wenn wir nur wollen und die Chance ergreifen. Dana macht einfach, und das bewundere ich an ihr. Ich habe großen Respekt vor Leuten, die Ideen haben. Aber noch mehr Respekt vor denen, die den Mut und die Kraft haben, ihre Ideen auch umzusetzen. Und das hat Dana. Sie hat das Selbstbewusstsein eines CEOs und dazu noch ganz viel Herz. Es passiert mir vielleicht zwei-, dreimal im Jahr, dass ich auch nach einer Sendung weiter Kontakt zu einem Talkshow-Gast halte. So ist das auch mit Dana. Mittlerweile kenne ich sie noch besser und kann sagen: In Danas DNA liegen Ruhe, Liebe, Empathie, Neugier und Aufgeschlossenheit.

Wir sehen uns nicht oft, aber zwischen uns ist schon eine besondere Verbindung entstanden, vielleicht auch weil wir diesen besonderen Moment ihres ersten Talkshow-Auftritts miteinander teilen. Sie ist auch für mich eine Bereicherung, weil sie neidlos und ehrlich ist. Und das schätze ich sehr an ihr.

Normalerweise ist eine Selfmade-Erfolgsstory ja mit einem Talkshow-Auftritt erzählt. Aber Dana hat es inzwischen tatsächlich schon dreimal als Gast zu uns ins Riverboat geschafft. Und wir laden sie bestimmt auch noch mal ein! Weil sie immer wieder neuen Stoff bietet. Und authentisch bleibt. Ich wünsche ihr, dass sie auch weiterhin immer ein gutes Gefühl für sich selbst behält und genießen kann, was sie sich selbst so hart erarbeitet hat.«

———•●•———

Kapitel 14 beginnt auf Seite 225

MEIN

FOTOALBUM

2018-2021

Mein erster wölkchenleichter
Kuchen-Versuch im Januar 2018.
Mit viel Skyr, etwas Ei, Apfel und
Zimt. Schmeckte so, wie er aussieht.

Mein erster Entwurf des »Wölkchenbäckerei«-Logos mit den Wachsmal-
stiften der Kinder, im März 2018.

**Die
Wölkchenbäckerei**

Mein erster Logo-
versuch am PC,
im April 2018.

Oder doch lieber so?

Oder zwei Wolken?

Eva von »Jaegerschnipsel«
entwarf dann mein
erstes richtiges Logo
im September 2018.

Im Mai 2019 bat ich sie
noch um eine Überarbei-
tung mit der Schrift von
meinen Buchcovern ...

Wohnzimmer statt Fotostudio:

Ich beim Foto-
grafieren der
Rezeptfotos fürs
Buch.

Immer auf mei-
nem Couch-
tisch und vor
unserer Terrassen-
tür für mehr
natürliches
Licht.

Für softeres
Licht zog ich
die Gardine zu.

Mein einziges Vorher-Nachher-Bild:

Zwischen diesen Fotos liegen 18 Kilo.
Links nach der Geburt von Lale im Februar
2016 und rechts im Januar 2019.

Das Ergebnis einer nächtlichen Packschicht:

Ca. 440 Sendungen auf dem
Weg in die Postfiliale.

Dezember 2018, etwa 3 Uhr morgens:

Mein Neffe Kubi
beim Verpacken
(immer mit
Musik im Ohr).

Die Pakete für die Buch-
händler; Umschläge für den
nächsten Tag stehen schon
neben dem Sofa aufgereiht.
Zu der Zeit sah es bei uns in
etwa immer so aus.

Der Meister der Tabellen:

Markus lädt an unserem Esstisch die
Datei mit der Adressliste der Käufer
herunter und erstellt die Lieferscheine
und Adressetiketten.

Postkistenkarussell:

Noyan und Lale albern mit Markus
herum. Hinten am Esstisch sitzt meine
Schwester Dönay.

Packkette:

Papa schlägt die Bücher in Luftpolsterfolie ein, meine Schwester Gülhan
steckt die Lieferscheine zum passenden
Adressetikett ein und macht die Umschläge zu, anschließend klebt meine
Mutter die Briefmarken auf und stapelt
die Briefe in gelbe Postkisten.

Auch die Kleinsten helfen mit ...

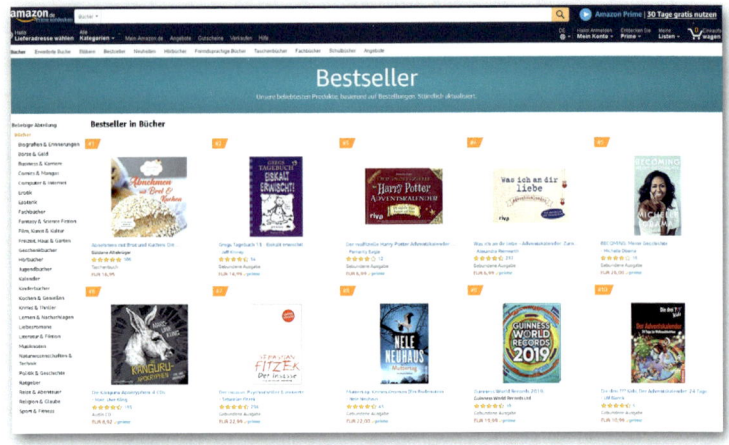

Mein Buch ist elf Wochen am Stück
bei Amazon auf Platz 1.

Wölkchen-Quartett:

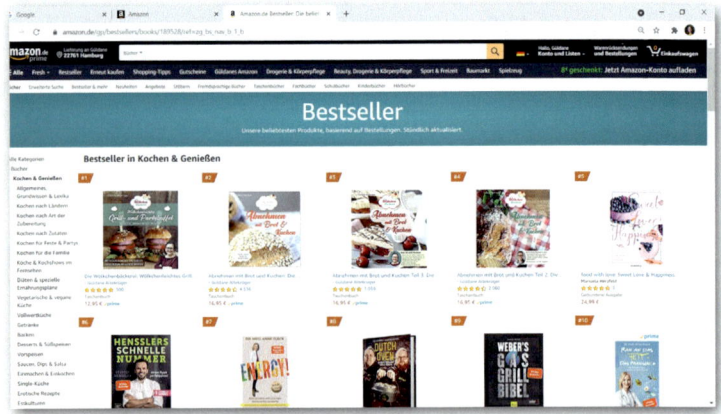

Nach Erscheinen meines vierten Buchs
»Wölkchenleichtes Grillbuffet« im Mai 2021
belegen meine Bücher die ersten vier Plätze bei
Amazon in der Kategorie »Kochen & Genießen«.

Druckereibesuch:

Im Herbst 2019 gucke ich mir in Köln an,
wie mein Buch gedruckt wird und bin schwer
beeindruckt, die Massen an Papier mit den
an meinem Rechner ausgetüftelten Bildern
und Seiten zu sehen.

2019 bei meiner ersten Lesung:

Neben meiner Geschichte erzählte
ich einiges zu meinen Backzutaten und
bereitete die Kraftbrötchen vor.
Es gab eine Frage-Antwort-Runde
und zuletzt Autogramme und Kostproben, die
ich mitgebracht hatte.

Viele ähnliche
Events folgten.

So liebevoll präsentiert habe ich mal einen Tisch in einer Buchhandlung gesehen und war baff:

Ich habe viele Gespräche mit verschiedenen Verlagen geführt, die mich gerne als Autorin gewinnen wollten. Eins der Hauptargumente, was sie für mich tun könnten, war immer, dass sie mein Buch im Handel gut platzieren können.

Mit diesem Foto konnte ich einige überzeugen, dass es auch ohne deren Hilfe geht.

Markus und ich nach fünf Tagen Buchmesse.
Eine anstrengende, aber unheimlich
bereichernde Erfahrung.

Mein erster TV-Auftritt.

Am 5. Dezember 2018 bin ich Gast bei Stern TV ...

... und backe wölkchenleichtes Stollenkonfekt.

18. Januar 2019, beim Riverboat vom MDR:

Direkt nach
der Riverboat-
Sendung:
Ich gebe mein
allererstes Auto-
gramm.

Nach der
Sendung:
ein Foto mit
Kim Fisher.

Zu Gast beim Sat 1-Frühstücksfernsehen:

Zum ersten Mal am 11. Januar 2019:
Nach dieser Sendung hatte ich über 10 000
neue Follower auf Instagram.

Hinter den Kulissen:
Mein zweiter Besuch im Oktober 2019.

April 2019: Zu Gast bei
»Live nach Neun« in der ARD.

Zu Gast bei RTL und
»Guten Morgen Deutschland«.

Im Januar 2020 bin ich bei Markus Lanz:

Nach der Sendung bekam ich wahnsinnig viele
positive Rückmeldungen.

Mit Markus Lanz.

Kamera läuft.

Markus wird
an unserem
Esstisch für
einen Fern-
sehbeitrag
gefilmt.

Youtube-
Videodreh

Ich bin auf der Titelseite!

Am 28. November 2018 berichtet die BILD:
»Hausfrau backt Bestseller«

Meine Kraftbrötchen–
Bio–Backmischung steht im
Herbst 2020 zum ersten Mal im
Regal der Supermarkt–
kette REWE.

Inzwischen gibt es noch drei weitere, auch direkt
bestellbar auf www.woelkchenbaeckerei.de.

Packen unterm Weihnachtsbaum:

Am 22. Dezember sind wir wieder in der Zeitung,
unser Wohnzimmer sieht aus wie eine Mischung
aus Postfiliale und Weihnachtsmannzentrale.

2021: Endlich wieder ein eigener Laden!

Die Wölkchenbäckerei hat
ein Zuhause im Hamburger
Schanzenviertel gefunden.

MEINE
REZEPTE

Kraftbrötchen

Auf 175˚ O-/U-Hitze	den Ofen vorheizen.
200 g Magerquark	
2 Eier	in einer Schüssel mit einem Schneebesen cremig rühren.
70 g Dinkelmehl (Vollkorn)	
60 g Haferkleie	
30 g Weizenkleie	
2 TL Backpulver	
1 TL Salz	dazugeben und vermengen.
20 g Flohsamenschalen	
90 ml Wasser	zum Teig geben und zügig untermischen.
10 Minuten	aufquellen lassen.
1 EL Weizenkleie	
1 EL Haferkleie	auf die Arbeitsfläche oder gleich aufs Backpapier geben. Mit nassen Händen 8 gleich große Bällchen formen und im Kleiegemisch wälzen. Auf ein mit Backpapier ausgelegtes Backblech legen. Mit einem Messer die Brötchen längs anschneiden. Auf mittlerer Schiene
etwa 35 – 40 Minuten	backen.
	Auf einem Rost vollständig auskühlen lassen.

Ein Brötchen: Kcal: 79 | Fett: 2g | Kohlenhydrate: 8g | Ballaststoffe: 5g | Eiweiß: 7g | BE: 0,9

Haferkrüstchen

Auf 180° O-/U-Hitze	den Ofen vorheizen.
500 g Magerquark *250 g Hafermehl* *1 TL Salz* *1 Pkg Backpulver*	der Reihe nach dazugeben und zu einem geschmeidigen, leicht klebrigen Teig kneten.
Etwas Mehl	auf die Arbeitsfläche geben und den Teig etwa 35 cm lang rollen und mit einem Messer in 8 gleich große Teile schneiden. Die geschnittenen Brötchen auf ein mit Backpapier ausgelegtes Backblech legen und auf mittlerer Schiene
etwa 35 Minuten	backen.

Auf einem Rost vollständig auskühlen lassen.

TIPP: Die Brötchen vor dem Backen mit etwas Wasser befeuchten und nach Belieben mit einem Topping verzieren.

Kürbisbrötchen

200 g Hokkaido-Kürbis	waschen, entkernen, mit Schale raspeln und in eine Schüssel geben.
Auf 200° O-/U-Hitze	den Ofen vorheizen.
200 g Dinkelmehl (Vollkorn) *30 g Flohsamenschalen* *1 Pkg Backpulver* *1 gestr. TL Salz* *300 ml Wasser*	
10 Minuten	der Reihe nach mit zum Kürbis geben und zügig zu einem leicht klebrigen Teig kneten. Den Teig ruhen lassen.
	Mit nassen Händen etwa 7 Brötchen formen und auf ein mit Backpapier ausgelegtes Backblech geben. Auf mittlerer Schiene
etwa 35 Minuten	backen.
	Auf einem Rost abkühlen lassen.

Ein Brötchen: Kcal: 115 | Fett: 1g | Kohlenhydrate: 20g | Ballaststoffe: 7g | Eiweiß: 4g | BE: 1,7

Tafelbrötchen

Auf 180° O-/U-Hitze	den Ofen vorheizen.
500 g Magerquark *150 g Dinkelmehl* *(Type 630)* *100 g Dinkelmehl* *(Vollkorn)* *1 Pkg Backpulver* *1 TL Salz*	der Reihe nach in eine Schüssel geben und zu einem geschmeidigen, leicht klebrigen Teig kneten.
Etwas Mehl	auf die Arbeitsfläche geben und den Teig halbieren. Die Teigstücke etwa 20 cm lang rollen und mit den Händen etwas flach drücken. Mit einem Messer im Zickzack 4 Dreiecke schneiden. Die geschnittenen Brötchen auf ein mit Backpapier ausgelegtes Backblech legen und auf mittlerer Schiene
etwa 30 Minuten	backen. Auf einem Rost abkühlen lassen.

TIPP: Die Brötchen vor dem Backen mit etwas Wasser befeuchten und nach Belieben mit einem Topping verzieren.

Ein Brötchen: Kcal: 152 | Fett: 1g | Kohlenhydrate: 23g | Ballaststoffe: 2g | Eiweiß: 12g | BE: 2,0

Kartoffelbrot

Auf 200° O-/U-Hitze	den Ofen vorheizen.
200 g vorwiegend festkochende Kartoffeln	schälen, raspeln und in eine Schüssel geben. Der Reihe nach
1 Ei *300 g Magerquark* *100 g Dinkelmehl (Vollkorn)* *100 g Hafermehl* *1 gestr. TL Salz* *20 g Flohsamenschalen* *1 Pkg Trockenhefe* *1 Pkg Backpulver*	optional für den Hefegeschmack zu den Kartoffeln geben und zügig zu einem leicht klebrigen Teig kneten. Eine
25er Kastenform	mit Backpapier auskleiden und mit dem Teig vorsichtig befüllen. Nicht fest eindrücken.
etwa 50 Minuten	Auf mittlerer Schiene backen.
	Nach 10 Minuten mit dem Backpapier aus der Form nehmen und auf einem Rost vollständig auskühlen lassen.

Ein Scheibe (1/14): Kcal: 85 | Fett: 1g | Kohlenhydrate: 12g | Ballaststoffe: 3g | Eiweiß: 5g | BE: 0,9

Avocado-Focaccia

1 Avocado	schälen, entkernen und in Scheiben schneiden.
1 Paprika	waschen, entkernen und in Stifte schneiden.
1 rote Zwiebel	schälen und Halbkreise schneiden. Alles zusammen beiseitestellen.
Auf 200° O-/U-Hitze	den Ofen vorheizen. In einer Schüssel
500 g Magerquark	mit
1 Ei	cremig rühren.
100 g Dinkelmehl (Type 1050)	
80 g Hafermehl	
60 g Haferkleie	
1 Pkg Backpulver	
1 TL Salz	dazugeben und zu einem geschmeidigen, klebrigen Teig vermengen. Den Teig auf ein mit Backpapier ausgelegtes Backblech mit nassen Händen verteilen und mit den Fingern mehrere Mulden reindrücken. Den Fladen mit
1 EL Olivenöl	bepinseln. Das geschnittene Gemüse auf dem Fladen verteilen und mit
etwas Salz	bestreuen. Im unteren Drittel des Ofens
etwa 35 Minuten	backen.

Ein Stück (1/12): Kcal: 143 | Fett: 5g | Kohlenhydrate: 15g | Ballaststoffe: 2g | Eiweiß: 8g | BE: 1,2

Cheeseburger-Taschen

150 g Rindertatar	mit
1 TL Pflanzenöl	anbraten, in eine Schüssel geben.
50 g Gewürzgurken	fein würfeln.
1 mittelgroße Zwiebel	schälen und ebenfalls fein würfeln und mit den Gewürzgurken zum Fleisch geben.
20 g Streukäse light	
2 EL griech. Joghurt 10%	
1 EL Tomatenmark	
1 TL Senf	
Süße für 10 g Zucker	
Salz, Pfeffer	dazugeben, vermengen, beiseitestellen.
Auf 180° O-/U-Hitze	den Ofen vorheizen.
	In einer weiteren Schüssel
300 g Magerquark	und
1 Ei	cremig rühren.
250 g Dinkelmehl (Type 1050)	
½ TL Salz	
1 Pkg Backpulver	der Reihe nach hinzufügen und zu einem geschmeidigen Teig kneten.
Etwas Mehl	auf die Arbeitsfläche streuen, den Teig darauf halbieren und jeweils zu dünnen Fladen ausrollen. Mit einem Glas oder einer Ausstechform etwa 7 cm breite Kreise ausstechen (25–30 Stück). Auf die Hälfte der Kreise die Füllung verteilen, dabei etwas Rand lassen. Mit den restlichen Teigkreisen bedecken und mit den Fingern oder einer Gabel an den Rändern festdrücken. Auf einem mit Backpapier ausgelegten Backblech verteilen. Mit
1 Eigelb	bepinseln. Auf mittlerer Schiene
etwa 35 Minuten	backen.

Ein Stück (1/14): Kcal: 112 | Fett: 3g | Kohlenhydrate: 14g | Ballaststoffe: 1g | Eiweiß: 9g | BE: 1,1

Zwiebelkuchen

500 g Gemüsezwiebeln	schälen, in dünne Streifen schneiden und mit
150 g Magerspeckwürfel	und
1 EL Pflanzenöl	in einer beschichteten Pfanne glasig anbraten, kurz abkühlen lassen.
250 g griech. Joghurt 2%	
2 Eier	
30 g Streukäse light	
1 TL Salz	
Pfeffer, Muskatnuss	dazugeben, vermengen, beiseitestellen.
Auf 180° O-/U-Hitze	den Ofen vorheizen.
300 g Magerquark	und
1 Ei	cremig rühren.
250 g Dinkelmehl (Type 1050)	
½ TL Salz	
1 Pkg Backpulver	der Reihe nach dazugeben und zu einem geschmeidigen Teig kneten.
Eine 26er Springform	mit
1 TL Pflanzenöl	bepinseln, den Teig auf dem Boden verteilen und den Rand 2 cm hochziehen. Die Füllung hinzufügen. Mit
20 g Streukäse light	bestreuen und im unteren Drittel des Ofens
etwa 50 Minuten	backen. Warm oder kalt genießen.

Ein Stück (1/12): Kcal: 160 | Fett: 4g | Kohlenhydrate: 17g | Ballaststoffe: 1g | Eiweiß: 13g | BE: 1,4

Black & White

Auf 180° O-/U-Hitze	den Ofen vorheizen.
3 Eier *Süße für 60 g Zucker*	in einer Schüssel mit schaumig schlagen.
80 g Dinkelmehl *(Type 1050)* *200 g Apfelmus* *(ungesüßt)* *20 g Backkakao* *1 Pkg Backpulver* *Vanille*	dazugeben und mit einem Mixer auf höchster Stufe verrühren. In eine mit Backpapier ausgekleidete geben.
26er Springform	
Etwa 25 Minuten	auf mittlerer Schiene backen. In der Form auf einem Rost auskühlen lassen. Währenddessen
700 g Magerquark *300 g griech. Joghurt 10%* *3 Eier* *1 Pkg Vanillepudding-* *pulver* *Süße für 120 g Zucker*	der Reihe nach in eine Schüssel geben und mit dem Mixer auf höchster Stufe etwa 2 Minuten rühren. Auf den gebackenen Boden in die Form geben. Bei vorgeheizten
175° O-/U-Hitze *etwa 60 Minuten*	auf mittlerer Schiene backen.
	Nach 10 Minuten mit dem Backpapier aus der Form nehmen und auf einem Rost vollständig auskühlen lassen.

Ein Stück (1/12): Kcal: 166 | Fett: 7g | Kohlenhydrate: 13g | Ballaststoffe: 1g | Eiweiß: 13g | BE: 1,1

Cappuccino-Torte

Auf 180° O-/U-Hitze	den Ofen vorheizen.
3 Eier	
200 g Magerquark	
Süße für 100 g Zucker	in einer Schüssel cremig rühren.
120 g Dinkelmehl	
(Type 1050)	
1 EL Kaffeepulver	
1 TL Backpulver	
Vanille	dazugeben und mit einem Mixer etwa 2 Minuten rühren. In eine mit Backpapier ausgekleidete
26er Springform	geben und auf mittlerer Schiene
etwa 25 Minuten	backen. Auf einem Rost und in der Form auskühlen lassen. Mit einer Gabel mehrmals in den Boden stechen,
1 Tasse kalten Kaffee	löffelweise auf den Boden tröpfeln. Für die Creme:
100 ml Schlagsahne	mit
Vanille	steif schlagen.
700 g Magerquark	
Süße für 80 g Zucker	dazugeben und 2 Minuten auf höchster Stufe des Mixers rühren.
6 Blatt Gelatine	nach Anleitung für kalte Speisen
(oder Agar Agar)	zubereiten. Die Creme dazugeben und gut verrühren. Auf dem Biskuitboden verteilen und im Kühlschrank
2 Stunden	kühlen. Vor dem Servieren mit
1 EL Backkakao	und
1 EL Kaffeepulver	bestreuen.

Ein Stück (1/12): Kcal: 149 | Fett: 5g | Kohlenhydrate: 10g | Ballaststoffe: 2g | Eiweiß: 14g | BE: 0,8

Kokos-Kürbis-Kuchen

200 g Hokkaido-Kürbis	waschen, entkernen, mit Schale raspeln und beiseitestellen.
Auf 175° O-/U-Hitze	den Ofen vorheizen.
3 Eier *Saft einer Orange* *(etwa 100 ml)* *Süße für 120 g Zucker*	in eine Schüssel geben und mit einem Mixer schaumig rühren. Nun
120 g Dinkelmehl *(Vollkorn)* *50 g Kokosraspel* *1 Pkg Backpulver*	sowie den Kürbis mit in die Schüssel geben und alles mit dem Mixer 2 Minuten rühren.
Eine 26er Springform	mit Backpapier auskleiden und mit dem Teig befüllen. Im unteren Drittel des Ofens
etwa 45 Minuten	backen. Auf einem Rost auskühlen lassen. Währenddessen in einer Schüssel
200 g Frischkäse light *200 g Magerquark* *Süße für 40 g Zucker* *Abrieb einer Bio-Orange*	vermengen, auf den Kuchen streichen und mit
10 g Kokosraspel	bestreuen.
	Bis zum Servieren im Kühlschrank aufbewahren.

Ein Stück (1/12): Kcal: 121 | Fett: 5g | Kohlenhydrate: 10g | Ballaststoffe: 3g | Eiweiß: 8g | BE: 0,8

Klassiker

Schokotarte

Auf 175° O-/U-Hitze	den Ofen vorheizen.
2 Eier *200 g Apfelmus* *(ungesüßt)* *Süße für 80 g Zucker*	in einer Schüssel cremig rühren.
60 g Dinkelmehl *(Vollkorn)* *20 g Backkakao* *½ Pkg Backpulver* *Vanille*	dazugeben und mit dem Mixer gut verrühren.
Eine 18er Springform	mit Backpapier auskleiden und mit dem Teig befüllen. Im unteren Drittel des Ofens backen.
etwa 35 Minuten	

TIPP: Für eine 26er Form das Rezept verdreifachen. Wer keine Äpfel mag, kann auch 2 sehr reife Bananen nehmen.

14.
Zwei Umzüge, eine Kündigung und neue Pläne

»*Markus, ich schaffe das nicht mehr. Entweder du machst voll mit oder ich gebe doch alles an einen Verlag. Auf Dauer ist es einfach zu viel für mich.*«

»*Ja, du hast recht. Ich bin heute schon wieder bei der Arbeit eingeschlafen. Oh Mann! Das geht so nicht weiter. Vor allem ist es meiner Firma gegenüber unfair. Ich muss da aufhören.*«

»*Gleich aufhören? Vielleicht kannst du dir ja wieder ein Jahr Sonderurlaub nehmen?*«

»*Nee, wenn, dann kündige ich ganz. Dann habe ich den Kopf auch komplett frei.*«

»*Aber wenn mein Buch nicht mehr läuft, haben wir kein festes Einkommen mehr. Wir haben doch gerade erst das Haus gekauft!*«

»*Wir sind beide fleißige Menschen und haben was auf dem Kasten, wir werden schon nicht hungern. Wir machen das. Wird schon klappen.*«

Das neue Jahr lief so heftig und trubelig weiter, wie 2018 aufgehört hatte. Medienanfragen, Verhandlungen mit den Buchgroßhändlern, meine Internet-, Instagram- und Facebookseite, parallel die Kinder und der Haushalt. Ende Januar fasste Markus sich dann ein Herz. Fast zwanzig Jahre war er für seinen Arbeitgeber tätig. Und er hat seinen Job immer sehr geliebt. Zu kündigen fiel ihm verdammt schwer. Aber sein oberster Chef reagierte großartig. Er hörte sich Markus' Geschichte fasziniert an und sagte dann zu ihm:

»Weißt du was, das ist eine einmalige Chance. Wir wollen dir keine Steine in den Weg legen. Wenn du willst, hast du morgen deinen letzten Arbeitstag.«

Da musste Markus erst mal schlucken. Normalerweise betrug die Kündigungsfrist sechs Monate. Dass es dann so schnell ging, damit hatte er nicht gerechnet. Aber er nahm das Angebot an.

Ein bisschen unwohl war mir doch zumute. Vor genau

einem Jahr hatten wir unser Reihenhaus in Langenhorn gekauft und über die nächsten Jahre noch einen Batzen Geld bei der Bank abzubezahlen. Auf der anderen Seite freute ich mich riesig. Mit Markus voll im Boot würde sich die Arbeit viel besser aufteilen lassen.

Jens, den ich bei meinem Weiterbildungskurs kennengelernt hatte, half mir mittlerweile bei allen Dingen rund ums Marketing und meiner Internetseite. Auch beim Packen war er immer bis in die Nächte dabei.

Später stieß noch Nils dazu, den ich aus meiner Zeit als Stadtführerin kannte und mit dem uns eine langjährige Freundschaft verbindet. Nils ist ein wahrer Alleskönner, der in der Buchhaltung und bei Steuerfragen aufgeht, der aber unser kleines Unternehmen auch an vielen Stellen in die richtige Spur gebracht hat. Immer wieder hat er meine Ideen hinterfragt, war mein Sparringspartner, wenn es um die Strategie ging, hat mich auch vor Unfug bewahrt, tolle Werbetexte verfasst und uns immer zum Lachen gebracht. Ich bin glücklich, ihn dabei gehabt zu haben, schätze seine Kreativität und sein Engagement bis heute sehr. Dir viel Glück auf Deinem weiteren Weg, Nils!

Mit Jens und Nils baute ich meinen Wölkchenbäckerei-Youtube-Kanal auf, denn immer häufiger fragten mich meine Fans nach Videos:

»Dana, wie geht das mit den Quarkstangen? Zeig doch mal, wie du die Kraftbrötchen machst ...«

Am 1. April 2019 ging mein erster Clip »Leichter Hefezopf« online.

Wir arbeiteten alle bei uns zu Hause verteilt im Wohnzimmer. Manchmal kam es vor, dass ich morgens verschlafen die Stufen runterkam – und da saßen dann schon Jens, Nils und Markus fleißig an unserem Esstisch vor ihren Rechnern.

Und das Team wuchs weiter. Nach einem halben Jahr stieß meine Schwester Dönay dazu. Sie hatte die Aufgabe, meinen Online-Shop zu betreuen.

Wir rückten also immer enger am Esstisch unseres Reihenhauses zusammen. Erst im Februar 2020 zogen wir in unser erstes eigenes Büro. Doch das nutzten wir gerade mal fünf Wochen – Miete zahlten wir allerdings für sieben Monate, weil uns Corona alle ins Homeoffice schickte.

———— • ————

Im Mai 2019 wartete noch eine ganz besondere Ehrung auf mich: Die Plattform »Online Marketing Rockstars« wählte mich in der Rangliste der einflussreichsten Influencer Deutschlands auf Platz 44! Daraufhin wurde ich als Rednerin zur Online-Marketing-Konferenz nach Lüneburg eingeladen. Aber als ich dann in der Leuphana Universität zwischen den ganzen hippen Managern in Sneakern und lässigen Anzügen stand, war ich mir gar nicht mehr so sicher, ob ich da wirklich richtig war. Ich dachte: Was habe ich hier zu suchen? Ich bin doch weder Marketing-Profi noch habe ich irgendwelche Konzepte. Ich wollte die Konferenzteilnehmer, die viel Geld für den Eintritt bezahlt hatten, dennoch nicht enttäuschen.

Große Marken waren vertreten: Adidas, Amazon, Otto, Tchibo, Obi, Viva con Agua – alle erzählten über ihre strategischen Ausrichtungen, Zukunftsvisionen und wie man sich erfolgreich über Online-Marketing positioniert. Das hier war mal eine ganz andere Hausnummer. Und dann kam ich, Dana Altekrüger von der Wölkchenbäckerei. »Die Erfolgsstory einer Back-Bloggerin: Via WW-App und Instagram zum Bucherfolg« – so wurde ich angekündigt. Ich hatte Screenshots von meinem Instagram-Kanal gemacht und erzählte einfach meine Geschichte. Wie wichtig es ist, aufs Bauchgefühl zu hören und den Mut zu haben, allen Zweifeln zum Trotz seine Ideen umzusetzen, einfach zu machen.

Als am Ende meines zwanzigminütigen Vortrags applaudiert wurde und sich sogar eine Schlange von Leuten bildete, die mir gratulieren wollten, war ich einfach nur erleichtert und glücklich. Okay, vielleicht auch ein kleines bisschen stolz. Die Zeit zum Reflektieren war mir in den letzten Wochen gar nicht geblieben, aber das war wieder einer der wenigen Momente, in denen ich begriff: So ganz normal ist meine Geschichte anscheinend wirklich nicht, auch wenn ich ursprünglich ja nur ein Buch herausbringen wollte.

Aufregend war auch die Einladung zum Podcast »Entscheider treffen Haider« mit Lars Haider, dem Chefredakteur vom »Hamburger Abendblatt«. Ich wurde als »Entscheider« eingeladen! Das fand ich grandios.

———·•·———

Doch am meisten freute ich mich über die Rückmeldungen meiner Leserinnen und Leser. Aus der ganzen Welt erhielten wir Buchbestellungen, sogar aus Russland, Kanada, Thailand, Neuseeland und den USA. Auch eine berühmte Auswandererfamilie aus Hawaii war dabei. Und ein bekannter deutscher Schlagersänger, der in einem Interview mit einer Illustrierten erzählte, wie er es schaffte, mit meinen Brötchen abzunehmen.

Unter den Kommentaren und Mails, die ich bekomme, rühren mich immer die ganz besonders, in denen mir Menschen schreiben, wie mein Buch ihr Wohlbefinden verbessert. Deswegen habe ich mich auch so gefreut, als meine Schwägerin Maj-Britt mir zu Weihnachten einen Adventskalender aus den schönsten Rückmeldungen gebastelt hat (der hängt heute noch bei uns im Flur):

»Weißt du, ich habe seit 25 Jahren MS und durch dich habe ich jetzt endlich eine Ernährungsumstellung geschafft und so viel abgenommen! Es geht mir so viel besser und vor allem habe ich wieder Hoffnung und ein Glücksgefühl, obwohl ich eine wunderbare Familie hab! Ich danke also dir!«

»Ich habe dich gestern Abend im Fernsehen gesehn und musste ein bisschen weinen, weil das alles so rührend war, was du da erzählt hast. Du hast vielen Menschen Mut gemacht, dass man mit guten Ideen und ehrlicher Arbeit immer noch erfolgreich sein kann.«

In besonderer Erinnerung geblieben ist mir auch die Mutter, die mir berichtete, dass ihr an Diabetes erkrankter Sohn dank meines Rezeptes für die Schokotarte zum ersten Mal wieder einen Schokokuchen zum Geburtstag essen durfte!

Oder die Frau, die mich bei der Buchmesse besuchte, mich fest drückte und so dankbar war, dass sie mit meinen Rezepten gut 30 Kilo abnahm, ohne ein Gefühl von Verzicht zu haben.

———•·———

Nach dem Erfolg mit »Abnehmen mit Brot & Kuchen« stand für mich ziemlich schnell fest: Es muss eine Fortsetzung geben! Und so erschien im Oktober 2019 »Abnehmen mit Brot & Kuchen Teil 2«, gefolgt von »Abnehmen mit Brot & Kuchen Teil 3« im Oktober 2020 und »Wölkchenleichtes Grill- und Partybuffet« im Mai 2021. Tatsächlich landeten alle Titel ab dem ersten Verkaufstag auf Platz 1 bei Amazon und erhielten den Spiegel-Bestseller-Status in der Rubrik »Ratgeber«. Im Mai 2021 belegten alle meine Titel sogar gleichzeitig die ersten vier Plätze der Amazon-Bestsellerliste in der Sparte »Kochen & Genießen«.

———•·———

Leider gehören aber nicht nur diese schönen, besonderen Momente zum Erfolg. Ich musste in den vergangenen drei Jahren lernen, dass es auch Menschen gibt, die meinen, sich als Trittbrettfahrer ein Stück vom Kuchen (in meinem Fall passt das Bild ja tatsächlich) schnappen zu wollen.

So bekam ich nach meinem Auftritt in der Talkshow von Markus Lanz im Januar 2020 einen Anruf von einer Frau, die mich unterstützen und für ein gemeinsames Projekt gewinnen wollte. Sie ließ nicht locker und rief mich immer wieder an. Ich sollte volles Mitspracherecht bekommen, das war mir ganz wichtig. Um es kurz zu machen: Am Ende lief alles komplett anders als besprochen, und ich war maßlos enttäuscht.

Wie konnte jemand nur so hinterhältig sein? Und wieso bin ich auf sie und ihren Geschäftspartner reingefallen? Diese bittere Erfahrung kostete mich einige schlaflose Nächte und sehr viel Geld für einen Anwalt, an den ich die ganze Angelegenheit irgendwann übergab.

Und dann gab es da auch noch die Sache mit den Buch-Doppelgängern. Ich staunte nicht schlecht: Im März 2019 kam ein Buch mit fast identischem Titel auf den Markt. Wie dreist! Dahinter steckte ausgerechnet der Verlag, der mir drei Monate zuvor, kurz nach Erscheinen von »Abnehmen mit Brot & Kuchen« das Angebot gemacht und mich so unter Druck gesetzt hatte. Damals sagte ich ab. Jetzt dachte ich: Es ist vorbei, ich werde aus dem Markt gedrängt. Aber meine Befürchtung, dass dieses Buch mein Publikum – durch Werbung und eine bessere Platzierung im Handel und online – abgreift, hat sich zum Glück nicht bestätigt.

Das blieb nicht der einzige freche Abklatsch. Auch in den sozialen Medien wurden meine Rezepte plötzlich von anderen veröffentlicht, sie unterschieden sich entweder nur im Namen oder minimal von meinem Originalrezept. So wurde dann in der Zutatenliste statt Dinkelmehl 1050 ein 630er genommen – und schwupps gab es die Verfasserin als ihr eigenes Rezept aus.

Aber wenn ich über die letzten drei Jahre nachdenke, dann überwiegen doch die schönen, bereichernden Erfahrungen und Momente. Und wen ich alles kennenlernen durfte! Naja, vielleicht nicht kennenlernen, aber immerhin treffen und plaudern. So viele Moderatoren und Gäste der Talkshows, in denen ich zu Gast war. Ein Abend war ganz besonders und überraschend positiv: Ich kannte Wolfgang Lippert zwar vom Fernsehen, aber ich muss ehrlich gestehen, ich hatte nicht besonders viel für ihn und seine Art zu moderieren übrig. Aber nach der gemeinsamen Riverboat-Sendung im Oktober 2020 aßen wir im Hotel Westin in Leipzig mit den anderen Gästen Horst Janson, Robert Atzorn und deren Ehepartnern zu Abend. Sie gaben viele Anekdoten zum Besten, und vor allem Wolfgang Lippert erzählte spannend und war unheimlich sympathisch. Wir hatten eine wunderbare Zeit.

Nicht oft, aber ab und zu werde ich sogar auf der Straße erkannt und angesprochen: Bist du nicht die Wölkchenbäckerin? Bist du nicht die Dana, die mit dem Buch? Über solche Begegnungen und wenn mich vermeintlich fremde Menschen so herzlich ansprechen und anlächeln, freue ich mich jedes Mal riesig.

Ich drehe den Schlüssel im Schloss um, mache das Licht im Laden an. In m e i n e m Laden. Ja, die Wölkchenbäckerei hat ihr eigenes Zuhause bekommen. 80 Quadratmeter, mitten im quirligen Hamburger Schanzenviertel. Mit einem getischlerten Verkaufstresen. In cremeweiß und aus Buche, genauso wie ich mir die Wölkchenbäckerei immer vorgestellt habe. In den Regalen stehen bunte Kartons mit meinen Bio-Backmischungen für die Kraftbrötchen, den Apfelkuchen, das Vitalbrot und die Sonntagsbrötchen. Auch Schürzen, Topflappen und T-Shirts mit meinem Logo gibt es dort, neben Backformen, Schneebesen und Teigrollen, Zutaten wie Haferkleie, Vollkornmehl und Magerquark. Ein bisschen wie ein wölkchenleichter Kaufmannsladen, in dem es auch Kaffee, mein Gebäck und gesunde Snacks zu kaufen gibt.

Hinten im Laden verbirgt sich unser Büro mit den großen Schreibtischen und meine »Backwerkstatt« mit vier großen Öfen. Inzwischen hat die Wölkchenbäckerei fünf feste und drei freie Mitarbeiter. Ich gucke durch die großen Fensterscheiben, sehe wie der Tag da draußen langsam erwacht, die anderen Geschäfte aufmachen, der Nachbar seine Gemüse- und Obstkisten vor die Tür stellt. Vor der Grundschule gegenüber verabschieden sich die Mütter und Väter von ihren Kindern. Drei Jahre ist es jetzt her, dass mein erstes Buch erschienen ist und über Nacht zum Bestseller wurde. Was seitdem alles passiert ist! Wie sehr dieses Buch mein Leben

*– unser Leben – verändert hat und auf welche unglaubliche und
spannende Reise es mich geschickt hat …*

Seit Mitte August 2020 bin ich mit der Wölkchenbäckerei
in der Sternschanze. Den Laden hatte ich bei Ebay-Kleinanzeigen gefunden, er war vorher ein Kinderschuhgeschäft. Es
brauchte zwar ein bißchen Phantasie, sich darin meine Wölkchenbäckerei vorzustellen, aber die hohen Decken, die Lage,
die große Fensterfront überzeugten mich. Einige Rohre und
Leitungen legen, streichen, Küche und Verkaufstresen auf-
stellen. Vielleicht noch eine Wolke an die Decke? Daraus ließe
sich doch was machen.

E i n Umzug allein ist ja noch keine Herausforderung, deswegen zogen wir keine zwei Wochen später auch noch privat
um. Von unserem Reihenhaus in Langenhorn wieder zurück
in eine Wohnung nach Altona. So sehr ich Langenhorn schät-
zen gelernt habe, mein Herz schlägt einfach für Altona und
St. Pauli. So habe ich nicht nur einen kurzen Weg zum Laden,
ich kann sogar zwischendurch wieder Familie und Freunde
treffen. Der Weg aus Langenhorn war dafür oftmals zu lang.

Ein gar nicht kalkulierter, aber angenehmer Nebeneffekt des
Erfolgs ist, dass er uns finanziell unabhängig gemacht hat. Es
ist ein schönes Gefühl, keine Angst haben zu müssen, dass die
Waschmaschine oder das Auto mal kaputt gehen. Das kann
übrigens durchaus passieren – denn wir fahren neben unserem »Grabowski«, einem alten Fiat Doblo, immer noch unsere
geliebte »Rosetta«, das 20 Jahre alte Wohnmobil.

Lustigerweise werde ich inzwischen regelmäßig gefragt,
ob ich denn jetzt Urlaub auf den Malediven machen würde.
Was haben bloß alle mit diesen Malediven?! Wir fahren lieber
an die Ostsee. In der seltenen freien Zeit, die wir als Familie

momentan haben, machen uns Reisen nach Rügen oder Travemünde glücklich. Diese Auszeiten genießen wir sehr, das ist für uns wahrer Luxus.

Selbst wenn ich es jetzt könnte: Eine Hose für 200 Euro würde ich mir trotzdem nicht kaufen, das sprengt meine »innere Preisgrenze«. Wofür ich allerdings gerne Geld ausgebe, ist Technik. Beim Computer oder Handy gucke ich tatsächlich nicht so auf den Preis. Aber das sind ja quasi meine Arbeitswerkzeuge.

Ich habe in den vergangenen drei Jahren vier Rezeptbücher herausgebracht, eine Marke aufgebaut, einen Verlag gegründet, Backmischungen entwickelt und ein Ladengeschäft eröffnet. Mit der Größe meines Unternehmens und der Anzahl der Mitarbeiter wächst der Druck. Ich habe zwar viele Erfahrungen gesammelt, aber erlebe natürlich immer wieder Momente, in denen mir alles zu viel wird. Und dann frage ich mich: Ist es an der Zeit, wieder etwas ganz anderes zu machen? Sollte ich mich lieber zurückziehen und runterfahren? Denn es gibt kaum Augenblicke, in denen mein Kopf frei von der Arbeit ist. Dieser Stress begleitet mich seit dem ersten Buch und beeinflusst auch mein Gewicht. Von den 18 Kilo, die ich mit Hilfe meiner Rezepte bis zum Erscheinen des Buchs abgenommen hatte, sind bis zu zehn Kilo wieder drauf gekommen. Obwohl meine Ernährung fast gleich blieb, machten sich mangelnder Schlaf, zu wenig Bewegung und zu späte Mahlzeiten auch auf der Waage bemerkbar. Nun weiß ich, dass nicht nur die Ernährung alleine, sondern auch die innere Balance ein ganz entscheidender Faktor für mein Gewicht ist. Momentan versuche ich, mir trotz des ganzen Trubels mehr Zeit für mich zu nehmen, mehr zu schlafen, wieder Sport zu treiben und bemerke, dass die Kilos langsam wieder weniger werden.

Die Begegnungen mit Menschen, die meine Rezepte backen, geben mir Kraft, motivieren mich und machen mich glücklich. Und so freue ich mich auf die vielen tollen Momente, die wir im Laden erleben werden. Wir haben viel vor mit der Wölkchenbäckerei, die Reise ist noch lange nicht zu Ende. Jedenfalls gehen mir die Rezeptideen nicht aus. Außerdem möchte ich gerne bald mit Backkursen beginnen, Veranstaltungen im Laden organisieren, neue Backmischungen austüfteln.

———— •●• ————

Ich freue mich, dass ich mit dem Ende dieses Buchs wieder etwas mehr Zeit für mich gewinne. Die Eröffnung des Ladens – und parallel dazu dieses Buch zu schreiben – war schon eine ganz schöne Herausforderung. Eigentlich wollte ich noch ein neues Backbuch und einen Kalender herausbringen, aber diese Projekte gehe ich nächstes Jahr an. Zur Überbrückung habe ich einige meiner »Klassiker« sowie ein paar neue, leckere Rezepte auch in diesem Buch untergebracht.

Wenn ich gleich meinen Laptop zuklappe, wird es erst einmal Zeit, das Abendbrot vorzubereiten: Dann wird der Schreib-, Pack- und Sortiertisch der letzten drei Jahre wieder zu dem, was er eigentlich ist – zu unserem Familien-Esstisch. Es gibt leckeres Avocado-Focaccia mit Salat. Auch wenn die Kinder keine großen Fans von Salat sind, versuche ich es immer wieder. Für Markus kein Dressing, für Lale nur Eisberg und Gurken und für Noyan am besten nur Tomaten. Für mich natürlich von allem etwas. Danach beginnt die Abendroutine: Zähne putzen, ins Bett bringen, vorlesen.

Und heute werde ich mich danach nicht mehr an den Rechner setzen. Sondern mit Markus anstoßen. Auf das neue Buch und auf all das, was das Leben noch Spannendes für uns bereithält ...

© Andreas Laible

© Sandra Wiering

Güldane »Dana« Altekrüger

Jahrgang 1975, wächst als Kind türkischer Gastarbeiter im Hamburger Stadtteil St. Pauli auf.

Nach der Geburt ihrer zwei Kinder beginnt sie mit der Entwicklung von kalorienarmen Brot- und Kuchenrezepten. Die Rezepte, die Dana regelmäßig auf Social-Media-Kanälen unter dem Namen »Wölkchenbäckerei« postet, kommen so gut an, dass sie im November 2018 ihr erstes Buch veröffentlicht, in dem sie von den Fotos bis zum Layout alles selbst macht.

»Abnehmen mit Brot & Kuchen« wird aus ihrem Wohnzimmer heraus über Nacht zum Überraschungserfolg.

Katharina Wolf

Jahrgang 1973, arbeitet seit fast 30 Jahren für einen großen deutschen Verlag.

Die Mutter von zwei Töchtern lebt in Hamburg.

In einer überregionalen Tageszeitung berichtete die Journalistin immer wieder über Dana Altekrügers faszinierende Bestsellergeschichte. Nach vielen intensiven Gesprächen mit ihr ist sie überzeugt: Der Ursprung für Danas Erfolg und ihre Stärke liegt in ihrer außergewöhnlichen Kindheit und Lebensgeschichte. Und das ist der Schlüssel für ihren »Bestseller aus Versehen«.

Gemeinsame Reise durch
ein spannendes Leben:

Dana Altekrüger (rechts) und
Katharina Wolf bei einem ihrer
vielen Treffen, hier auf dem Priwall
an der Ostsee.

Wölkchenleichtes Grill- und Partybuffet
aus der Reihe »Abnehmen mit Brot & Kuchen«

Wölkchenleichtes Grill- und Partybuffet

Über 50 kalorienarme Back- und Kochrezepte.
Einfach in vegan und glutenfrei wandelbar, viele Rezepte sind für Diabetiker geeignet.

12,95€

ISBN 978-3-9821017-4-3

Eis in den Segeln

Eis in den Segeln

Eine fotografische Liebeserklärung an traditionelle Segelschiffe und die einzigartigen, aber bedrohten Paradiese der Polarregionen.

39,90€

ISBN 978-3-9821017-2-9